W0197267

Über das Buch
Rechtsanwalt Bernd Hesse schildert Fälle aus seiner Berufspraxis. Er erzählt sie als spannende und komplexe Geschichten, indem er die jeweiligen Straftaten nicht nur in ihren juristischen Aspekten beleuchtet, sondern biografische und soziale Hintergründe darlegt und Täterpsychogramme zeichnet. Und er lässt den Leser daran teilhaben, wie sich die Fragen von Schuld und Schuldeingeständnis sowie Verteidigungsstrategien im Umgang von Mandant und Verteidiger gestalten. »Wenn wir nur die Unschuldigen vertreten würden, hätten wir wenig Arbeit. Aber erstens gilt die Unschuldsvermutung und zweitens haben auch zu Recht angeklagte Täter einen Anspruch auf ein faires Verfahren.«

Über den Autor
Bernd Hesse, 1962 in Bad Saarow geboren, ist Rechtsanwalt mit einer Kanzlei in Frankfurt (Oder) und einer Zweigstelle in Berlin, die er zusammen mit einem Sozius betreibt. Nach seinem Studium der Rechtswissenschaft promovierte er zum Dr. iur., studierte danach Kulturwissenschaft mit den Schwerpunkten Literaturwissenschaft/Linguistik und promovierte zum Dr. phil. Bei seiner anwaltlichen Tätigkeit ist er auf Wirtschaftsrecht, Arbeitsrecht und Strafrecht spezialisiert und als Strafverteidiger tätig. Für das Brandenburgische Oberlandesgericht und den Frankfurter Anwaltverein war und ist er in der Aus- und Weiterbildung tätig. Neben einer Vielzahl juristischer Publikationen veröffentlichte er die Kriminalromane »Rubel, Rotlicht und Raketenwerfer« und »Blutende Oder«.

BERND HESSE

DIE HIN- RICH- TUNG

AUTHENTISCHE KRIMINALFÄLLE

DAS NEUE BERLIN

Inhalt

Die geschilderten Vorgänge basieren auf realen Fällen. Die Namen von Tätern und Opfern sowie die Tat- und Verhandlungsorte und -zeiten sind so weit verändert, wie es aus Gründen des Persönlichkeitsschutzes und der anwaltlichen Schweigepflicht erforderlich war.

Vorbemerkung

Dieses ist eine Sammlung echter Kriminalfälle, vorwiegend aus der Praxis des Autors. Da ich als Anwalt nicht nur als Verteidiger, sondern auch als Nebenklägervertreter, Zeugenbeistand, durch unterstützende Tätigkeiten für Kollegen und in anderer Weise in die Verfahren involviert war und weiter dazu recherchierte, bot es sich an, aus verschiedener Sicht und mit unterschiedlicher Distanz zu erzählen. Je näher ich am Fall dran war, desto eher kommt der Ich-Erzähler zu Worte.

An dieser Stelle gebührt Dank meinem Sozius Stephan Hoff, mit dem ich in einigen der beschriebenen Fälle zusammen verteidigte, und unserer Rechtsanwaltsfachangestellten Doreen Rückmann, die in den durch die Kanzlei bearbeiteten Fällen Abertausende Seiten scannte und kopierte und Hunderte Strafakten im Kopf trägt: ein schier unerschöpflicher Fundus für das vorliegende Buch.

Bernd Hesse

Die Hinrichtung

»Wenn Sie mich einlochen, bin ich tot!«

Schon seit einer Minute starrte ich auf den Aktenstapel, der sich auf meinem Schreibtisch türmte. Heute mal ein reiner Kanzleitag mit wenigen Mandanten und Zeit zur Bearbeitung längst überfälliger Akten. Mein Blick wanderte fort von den Papierstapeln, hinüber zur Wand. Ich spürte, wie ich wieder ein wenig entspannter atmete, und ließ meinen Blick für Momente auf dem Landschaftsbild von Wilhelm von Kleist, einem Ahnen des Dichters, verweilen. Das Bild, eine winterliche Landschaft am Niederrhein, in das Leuchten einer bernsteinfarbenen Wintersonne getaucht, hat eine beruhigende Ausstrahlung auf mich. Doch schon wieder fiel mein Blick auf die Akten und blieb wie hypnotisiert kleben. Digitale Aktenführung hin oder her, diese Papiermonster haben die Lebenskraft der Hydra, auch die Fähigkeit zur Vervielfältigung ihrer abgeschlagenen Köpfe ist ihnen durchaus eigen.

Das Klingeln des Telefons riss mich aus meinem morgendlichen Tagtraum.

Doreen, meine taffe Rechtsanwaltsfachangestellte, murrte: »Da ist so ein seltsamer Richter vom Amtsgericht aus Ansbach.«

»Weshalb seltsam, und was will er?«

»Er rückt nicht raus damit, deshalb ist er ja so seltsam.«

Das musste ein harter Hund sein! An meinem Zerberus Doreen auch nur telefonisch vorbeizuschleichen, ohne sein eigentliches Anliegen preiszugeben, das war schon eine Leistung.

»Kann Stephan das nicht übernehmen?«, versuchte ich, die Sache meinem Sozius überzuhelfen.

»Nein! Er möchte ausdrücklich dich, und die Angelegenheit ist geheim. Außerdem sollst du nicht immer alles auf Stephan abwälzen.« Doreen ist zwar äußerst loyal, hat aber auch einen unbestechlichen Gerechtigkeitssinn. Wir hatten es nach fünfzehn Jahren endlich geschafft, uns zu duzen. Vor Mandanten nannte sie mich aber meist Doc, was auch nicht besonders respektvoll klang, sondern so, als ob sie Kassenpatienten einen Arzt anempfehlen würde, der sich hier noch einen Euro dazuverdiente.

»Dann stell mal durch!«

»Hallo?«, hallte es. »Grüß Gott, äh … Preisner hier … äh … Richter. Ich hab hier den Eildienst. Äh … Amtsgericht Ansbach.«

In Ordnung, dachte ich bei mir, Doreen hatte wieder einmal die richtige Nase bewiesen, der Richter war seltsam und offenbar in einer Situation, die ihn leicht überforderte. Da hatten sie einem armen Proberichter einen Eildienst aufgedrückt, in dem etwas passiert war, mit dem er nicht gerechnet hatte. Alte Hasen lassen sich nicht so schnell aus der Ruhe bringen und treten anders auf. Der Anrufer tat mir leid. Er musste in einen fürchterlichen Schlamassel geraten sein.

»Freut mich! Um was handelt es sich?«, erkundigte ich mich in einem aufmunternden Ton und fügte hinzu: »Das hört sich an, als ob Sie sich den ganzen Abend um die Ohren geschlagen hätten.«

»Genau so ist es«, bestätigte er. »Hier ist etwas völlig Merkwürdiges passiert.«

»Merkwürdiges?«, wiederholte ich fragend.

»Und ob! Im Haftraum sitzt hier ein Herr, der meint, Sie kennen ihn unter seinem früheren Namen Eric Bendisch.«

Ich war wie vom Blitz getroffen. Alle möglichen Gedanken schossen mir durch den Kopf. Bendisch, wenn es denn Bendisch war, um den es hier ging, konnte einem wirklich den letzten Nerv rauben. Aber was jetzt geschah, das konnte und durfte nicht wahr sein. Als gestandener Strafverteidiger ist man von allen Hunden gehetzt und mit allen Wassern gewaschen, aber das hier, das ging gar nicht.

»Wer?«, erkundigte ich mich in ungläubigem Tonfall, um ein wenig Zeit zu gewinnen. Ich musste blitzschnell meine Gedanken ordnen. Wann hatte ich Bendisch zum letzten Mal gesehen? Es war klar, dass er ins Zeugenschutzprogramm aufgenommen worden war. Für ihn war es wegen der Gefährdung erforderlich gewesen, eine völlig neue Identität zu erhalten und sein altes Leben hinter sich zu lassen. Das ist ein einschneidender Schritt, den man sich wohl überlegen sollte. Es ist alles andere als abenteuerlich und interessant. Man opfert seine Vergangenheit, Freunde, Familie für etwas, das man zum Zeitpunkt der Entscheidung überhaupt noch nicht überschauen kann.

Bei unserer letzten Zusammenkunft waren an meinem ehemaligen Kanzleisitz wie in einem amerikanischen Thriller mehrere baugleiche Fahrzeuge vorgefahren, und Beamte des SEK hatten das Haus und die Kanzleiräume gesichert. Vom Fenster aus hatte ich beobachten können, wie sich auf den gegenüberliegenden Dächern Scharfschützen postierten. Nach diesem Tag hatte ich Bendisch nicht wiedergesehen.

Menschen wie Bendisch haben so ihre Eigenheiten; sie verändern sich nicht dadurch, dass sie einen neuen

Namen tragen: Es bleibt die geringere Hemmschwelle bei der Anwendung von Gewalt, der Hang, Regeln nur für andere gelten zu lassen, und ein Verlangen nach Selbstbestätigung durch Taten, die, wie Juristen gerne sagen, die kriminelle Energie des Täters offenbaren.

»Eric Bendisch«, wiederholte der Jungrichter aus Ansbach. »Jetzt heißt er Danny Mehmer. Er meint, er ist im Zeugenschutzprogramm und Sie sind sein Anwalt. Oder waren es im letzten Strafverfahren.«

Oh Mann, warum lehrte man die Referendare nichts über Zeugenschutz? Und selbst wenn nicht, dann wird der Richter doch wenigstens ein paar Filme gesehen haben. Bei einer Identitätsänderung kennt doch nur eine Handvoll Menschen den realen und den angenommenen Namen. War Bendisch jetzt völlig durchgedreht, beide Namen preiszugeben? Selbst mir als seinem früheren Verteidiger war seine neue Identität nicht bekannt – beziehungsweise bis eben nicht bekannt gewesen. Der Richter hätte auch nie beide Namen nennen dürfen. Und dann am Telefon. Der Richter schien mit der Situation tatsächlich überfordert.

»Da möchte ich jetzt mal nichts bestätigen oder leugnen. Was hat er denn angestellt?«

»Das ist es ja«, erklang die aufgebrachte Stimme aus dem Hörer. »Der wurde hier eingeliefert, volltrunken, hat einen Truck gestohlen, sich mit der Polizei eine wilde Verfolgungsjagd geliefert, sich den Polizisten gegenüber mit einem Dienstausweis eines Berliner Staatsanwalts namens Ralf Viehweg ausgewiesen und behauptet, er sei im Dienst und müsse sofort weiter. Jetzt sagt er, dass er im Zeugenschutzprogramm des Landes Berlin sei und dass er getötet werde, wenn ich den Haftbefehl verkünde und ihn in Untersuchungshaft stecke.«

Das könnte tatsächlich passieren, dachte ich bei mir. Okay, das war eindeutig Bendisch, daran bestand kein

Zweifel. Das durfte ich so aber nicht bestätigen. Und woher sollte ich denn wissen, mit wem ich da wirklich telefonierte?

Eric Bendisch war bestimmt ein Weg aufgezeigt worden, über den er sich sicher an das LKA wenden konnte. Den konnte oder wollte er aber nicht nutzen. Vielleicht hatte er schon mehrfach Mist gebaut und wusste, dass der Rausschmiss aus dem Programm drohte. Aber dass das mit dem gestohlenen Truck und dem Dienstausweis rauskäme, so viel musste ihm doch klar sein. Auch musste ich bei der Vorstellung grinsen, wie StA Viehweg vom seltsamen Auftauchen seines Dienstausweises erfahren würde. Er würde dessen Verschwinden sicher dienstbeflissen gemeldet haben. Vielleicht hatte er schon seine Frau beschuldigt, immer alles aufzuräumen und den Ausweis verlegt zu haben, nun hätte er den Ärger. Meine Fantasie ging mit mir durch. Ich musste dem Richter helfen und rief mich zur Ordnung. »Wissen Sie, wenn das stimmt, was er sagt, dann dürfte ich es doch nicht sagen.«

»Hm«, kam es unsicher vom anderen Ende her.

»Da könnte doch jetzt jeder anrufen und mir eine Geschichte auftischen.«

»Na, na«, erhob er seine Stimme und fühlte sich in seiner Ehre gekränkt.

»Wissen Sie, am besten scheint mir, Sie wenden sich an das LKA Berlin. Da werden die Ihnen sicher weiterhelfen.«

»Jau!«, erscholl es zufrieden. »So machen wir das.«

Weshalb fiel mir jetzt Bob der Baumeister ein?

Bob fuhr fort: »Hätten Sie da vielleicht eine Nummer?«

»Ich würde da auch nur googeln.«

»Ist gut. Vergelt's Gott!«

Besuch in Moabit

Eric Bendisch hatte ich, wie so viele meiner Mandanten, im Moabiter Gefängnis in eher bedrückender Atmosphäre kennengelernt. Für einen Knacki, wie sich die Insassen der Justizvollzugsanstalt nennen, sind die ersten Tage besonders hart. Auch wenn Bendisch schon Knasterfahrung hatte, musste er sich hier erst einmal neu orientieren. Unter den verschärften Bedingungen der U-Haft war es ohnehin nur erschwert möglich, Leute kennenzulernen, und selbst wenn man jemanden kennenlernte, wusste man nicht, wem man trauen konnte. So ging es Bendisch auch mit mir.

Wer glaubt, dass man als Strafverteidiger seinen Mandanten aufsucht, dieser unumwunden mitteilt, was aus seiner Sicht geschehen ist, und man nun beraten kann, wie man mit dieser Situation umgeht, der irrt gewaltig.

Es gibt eine Tätergruppe, die leugnet fast immer die Tat: Das sind die Sexualstraftäter. Dann gibt es die Hauptgruppe der Täter, denen es sehr schwerfällt einzuräumen, dass sie eine Straftat begangen und Schuld auf sich geladen haben. Wie bei den meisten Menschen funktionieren auch bei den Straftätern die Verdrängungsmechanismen hervorragend. Wenn es keine Ausrede mehr gibt und eine Schuld augenscheinlich wird, dann wird sie zumindest zu einer Mitschuld kleingeredet und besser noch anderen Menschen in der Umgebung zugewiesen. Selbst hat man alles auf die Reihe bekommen, und die anderen sind die Versager. Im Knast, und so war es auch bei Bendisch, schauen die Neuankömmlinge schnell auf die anderen Insassen hinunter: Selbst ist man nur aufgrund widriger Umstände, aber die anderen sind zu Recht hier.

Das völlige Ablehnen von Schuld kam mir insbesondere in zwei Fällen paradox vor, ohne dass es die Täter so erkannten: Einer war wegen Totschlags angeklagt, weil er einen kleinen Jungen überfahren hatte, der den Fußgängerweg überquerte. Schuld an dem Tod des Jungen, so der Täter, war ein Busfahrer der BVG, weil dieser seiner Tochter den Zutritt zum Bus verweigert hatte. Das Mädchen wollte mit einem Eis in der Hand in den Bus steigen, was ihr der Fahrer verweigerte – sie könne das Eis wegschmeißen und einsteigen oder es bleiben lassen, hatte er erklärt. Die Tochter verzichtete nicht auf ihr Eis, stieg nicht in den Bus ein und rief stattdessen weinend den Vater an, um ihm mitzuteilen, dass der Busfahrer sie nicht mitgenommen habe. Nun stehe sie allein an der Bushaltestelle und komme nicht weiter. Der Vater setzte sich ins Auto, raste durch die Stadt und fuhr den Jungen tot.

Zum anderen lernte ich vor drei Jahren einen Wirtschaftskriminellen kennen, der mehrere Millionen Euro unterschlagen und mit einer Insolvenz dafür gesorgt hatte, dass Hunderte Menschen ihre Arbeitsplätze verloren. Mir gegenüber hatte er allen Ernstes behauptet, dass daran seine Eltern schuld seien: Sie hätten ihn von klein auf mit dem Geld so kurz gehalten, dass sich zwangsläufig die Gier nach dem Geld entwickelte.

Nur eine verschwindende Minderheit räumt gleich zu Beginn die Tat ein und bereut die Begehung derselben auch alsbald. Es gibt aber auch Täter, die zu der Tat stehen, diese aber nicht bereuen und kurze Zeit später wieder wegen eines ähnlichen Delikts angeklagt werden. Darunter sind auch Menschen, die schwerste Verbrechen begangen haben und mit der gleichen Kaltschnäuzigkeit nach ihrer Haftentlassung an die Planung eines ähnlichen Deliktes gehen. Die Haft und die Erfahrungen, die sie dabei machen, haben noch keinen Täter geläutert, den ich kenne. Entweder haben sie schon zuvor eine Art Einsichtsfähigkeit in das Unrecht gezeigt, wie die Juristen es nennen, oder sie bleiben davon unbeeindruckt.

Es gibt aber auch Fälle, wie den von Bendisch, da deutet vieles darauf hin, dass die Tat so wie angeklagt begangen worden ist, und dann stellt sich heraus, dass der Geschehensablauf doch ein anderer war. Für Ermittler und Staatsanwälte, die bis zur Verkündung eines Untersuchungshaftbefehls oder Erhebung der Anklage mit einem Fall zu tun haben, ist der wahrscheinlichste Tatablauf auch der, wie er von den Ermittlern rekonstruiert wurde. Meist trifft dies auch zu. Aber gerade der Fall Bendisch zeigt, dass dies nicht immer so ist.

Gegen meinen Mandanten war ein Haftbefehl verkündet worden, und er war auch, da er kein Geld für einen Wahlverteidiger hatte, darüber belehrt worden, dass es sich in seinem Fall wegen der Schwere der Vorwürfe um eine sogenannte notwendige Verteidigung handele, er also einen Anspruch auf einen Pflichtverteidiger habe. Er zuckte vermutlich mit den Schultern, dann konnte er auf einer langen Liste, die der Berliner Anwaltsverein vor Jahren im Gefängnis hinterlegt hatte, auf einen Namen tippen. Das ist etwa so wie in Kinderzeiten beim Topfschlagen mit verbundenen Augen.

Doreen hatte mein Kommen mit dem Besucherdienst der Justizvollzugsanstalt Moabit abgestimmt. Man möchte als Anwalt nicht unnötig warten, und der Mandant möchte seine Stunde Freigang nicht missen.

Nach der Erledigung der Formalien an der Anmeldung wurde ich in den Wartebereich durchgeschleust. Um diese Zeit war es dort fast leer. Nur eine Frau saß dort. Kaugummikauend blickte sie mit ihren üppig dunkel umrandeten Augen kurz zu mir hoch, ein Blick voller Aggressivität traf mich. Klar, dass ihr vieles gegen den Strich ging, wenn sie ihren Freund hier besuchen musste.

Auf dem Weg in die Besucherzelle geht man in Moabit als Anwalt einige Flure entlang, an denen die Zellen mit den Insassen gelegen sind. Die meisten Justizvollzugsanstalten sind heute schon anders organisiert; der Besuchertrakt, auch die Zimmer für die Anwälte, liegen außerhalb der eigentlichen Unterkünfte der Inhaftierten. Ein kräftiger Kerl mit langen, lockigen schwarzen Haaren, in Boxershirt und dunklen Jogginghosen, mit fast vollständig tätowiertem Oberkörper, der sich bis dahin ans Geländer gelehnt hatte, drehte sich langsam zu mir. Wer denkt, dass die Gefangenen in blau-weiß gestreifter Kleidung stecken, der irrt. So läuft man allenfalls noch zur Faschingszeit im Rheinland herum. Nur wer Arbeit bekommt, muss bei deren Verrichtung Arbeitskleidung tragen. Der Typ musste mich schon aus der unteren Etage kommend beobachtet haben.

»Ach, das ist doch Tommy«, meinte ich, als ich meinen ehemaligen Mandanten erkannte.

»Hallo, Anwalt«, begrüßte er mich mit tiefer Stimme und hielt mir die ausgestreckte Faust zur Begrüßung nach vorne hin.

Ich schlug mit meiner Faust dagegen. »Muss weiter! Alles klar?«

»Na aber, nur noch drei Monate«, erklärte er und versuchte zu lächeln. »Da hätten Sie doch zum Wiedersehen ein Tütchen mitbringen können.«

Die Besucherzimmer in Moabit sind alte Zellen, mit hässlicher gelber Farbe getüncht. Da musste jemand der frischen, hellen Farbe eine Tönung der Marke depressiv beigefügt und damit das Ganze noch etwas in Richtung schmuddelig braungrau verändert haben. Man erwartet im Knast ja keine Blümchentapete. Aber es gab doch keine Veranlassung, es extra hässlich zu gestalten.

Eric Bendisch beteuerte gleich anfangs, völlig unschuldig hier drin zu sitzen. Weder mit den Waffen noch mit den Mädchen und schon gar nicht mit dem Toten hätte er etwas zu tun.

»Das liest sich im Haftbefehl aber anders«, hielt ich dagegen. Er blickte zweifelnd. »Das rote Zettelchen«, fuhr ich fort, »von dem Sie eine Abschrift bekommen haben. Sie sind dringend verdächtig, Harald Ascher ermordet zu haben.«

»Dit war ick aber nich!«, fiel er mir ins Wort.

Völlig unbeeindruckt fuhr ich fort: »Die Tatwaffe wurde anlässlich Ihrer Festnahme bei Ihnen gefunden.«

»Ja, ja, meene Festnahme, dit is auch so ein Ding von Willkür. Die haben mich niederjeschlagen, und mein Hund hat sich erschreckt, als die meine Wohnung stürmten. Dafür will ich Schadensersatz, das sag ich Ihnen! Und die Pistole, die war nich meene.«

»Das können Sie mir hier erzählen, aber das Schwurgericht wird es Ihnen nicht abnehmen. Ich kann versehentlich mal den falschen Regenschirm mitnehmen, wenn ich im Herbst in einem Café bin und beim Hinausgehen feststelle, dass ein Dutzend Besucher ein ähnliches Modell hat. Aber eine Pistole? Was wollen Sie dem Gericht auftischen?«

»Dit ist doch allet janz anders.«

»Das höre ich oft. Das ist nicht selten so. Dann schießen Sie mal los.« Erst nachdem ich das gesagt hatte, wurde mir klar, wie seltsam das in diesem Kontext geklungen haben musste.

»Ick werde gar nischt sagen, sage ich Ihnen.«

»Das ist Ihr gutes Recht. Als Angeklagter steht es Ihnen frei, sich zur Sache einzulassen oder nicht. Wenn Sie sich der Sache nicht gewachsen fühlen, können Sie Erklärungen auch über mich abgeben.«

»Dann sage ick nischt und basta.«

»Wie gesagt, das ist Ihr gutes Recht. Bloß ob das auch das Verhalten ist, mit dem Sie im Prozess das erreichen können, was Sie wollen, darüber müssen wir uns doch erst unterhalten.«

»Wat will ick denn in Ihrem Prozess erreichen, hä?« Er blickte mich herausfordernd an.

»Das ist Ihr Prozess, Herr Bendisch. Was Sie erreichen wollen und können, das möchte ich mit Ihnen beraten.«

»Na, raus aus'm Knast! Bloß raus hier!«

Ich lehnte mich nach hinten in den harten Holzstuhl und betrachtete meinen Mandanten. Unser Bekanntmachen hatte schon mal geklappt; mehr aber auch nicht. Wir mochten uns beide nicht, mussten aber versuchen, eine gemeinsame Basis für die Arbeit zu finden. Das konnte noch ein hartes Stück Arbeit werden.

»Eine umfassende Akteneinsicht hatte ich noch nicht. Da werden einschließlich der Ü-Akten mehrere Umzugskartons in meinem Büro gestapelt werden. Wir werden uns dann noch Punkt für Punkt mit allen belastenden Details beschäftigen. Aber nach dem, was mir bis jetzt bekannt ist, werden wir mit Behauptungen, dass die Tatwaffe, die bei Ihnen gefunden worden ist, nicht die Ihre und sowieso alles ganz anders gewesen sei, nicht weit kommen … Dann werden Sie hier noch sehr, sehr lange sitzen bleiben.«

»Wie lange denn?«

»Sie werden wegen der heimtückischen Begehungsweise sicher wegen Mordes angeklagt werden. Das Opfer wurde hinterrücks in den Kopf geschossen. Das sieht aus wie bei einer Hinrichtung.«

»Lebenslänglich?«

»Lebenslang«, korrigierte ich, ohne dass mein Mandant mitbekam, was ich überhaupt meinte. Ich jedoch sah den kopfschüttelnden Repetitor von Alpmann & Schmidt, wie er im Unterricht im Gemeindehaus der evangelischen Kirche in Berlin-Dahlem völlig verständnislos tat und uns belehrte: »Meine Damen und Herren, der Wurm ist länglich, die Freiheitsstrafe ist lebenslang.« Im Falle von Herrn Bendisch würde der Wurm ziemlich länglich werden.

»Na ja, maximal fünfundzwanzig Jahre also?«, wollte er wissen.

»Ich weiß nicht, was die Leute immer mit fünfundzwanzig Jahren haben. Quatsch! Es ist die längste zeitige Freiheitsstrafe. Dennoch gebieten die Grundrechte, dass das nicht bis zum Tode andauert. Wenn, was in Ihrem Falle durchaus sein kann, von einer besonderen Schwere der Schuld auszugehen ist, dann kommen Sie vor Ablauf von fünfzehn Jahren keinesfalls raus.« Das ist immer die Stelle, an der Mörder ihr Lebensalter mit fünfzehn addieren und dann nicht mehr ganz so kaltschnäuzig wirken.

»Aber die anderen werden doch ooch anjeklagt?«

»Und dann, meinen Sie, wird die Haftzeit geteilt?« Ich zog die Augenbrauen hoch.

»Nee, nee. Nur so.« Bendisch wurde merklich nachdenklicher. »Und die machen Ernst?«

»Das hier ist kein Spaß. Die machen bei Ihnen genauso Ernst wie bei den anderen über zweitausend, die derzeit in Deutschland lebenslang sitzen.«

»Puh … Und wat kann man da machen?«

»Mir sagen, was wir zu Ihrer Entlastung vortragen und gegebenenfalls unter Beweis stellen können. Noch ist keine Anklage erhoben, noch können wir aktiv auf die Ermittlungen Einfluss nehmen.«

Bendisch grübelte.

»Am Tatort, besser am Fundort der Leiche des Harald Ascher waren Sie. Das hat Ihre DNA an der Bekleidung des Opfers ergeben.«

»Ja, aber nich alleene!«

»Klar«, stimmte ich zu. »Die DNA auch der anderen Beschuldigten wurde sichergestellt. Da Sie alle keine unbeschriebenen Blätter sind und Ihre DNA gespeichert ist, konnten gleich drei Personen identifiziert werden.«

»Hm, zu dritt.«

»Die DNA-Proben stammen zumeist aus den Bekleidungsbereichen an den Schultern und Achseln des Toten sowie an den Unterschenkeln und Füßen. Ich nehme an, Sie haben den Toten noch ein Stück in den Wald geschleppt?«

»Hm«, blieb Bendisch einsilbig. Aber er hatte mir gegenüber damit eingeräumt, dass er mit dem Verbringen des Toten in den Wald etwas zu tun hatte.

Nun wurde ich ein wenig lauter. »Hören Sie zu! Ich bin hier nicht der Ermittler, sondern Ihr Verteidiger. Ich verspüre keine Lust, Ihnen jedes Wort aus der Nase zu ziehen.«

»Wat soll ick denn sagen?«

»Alles! Ich habe Zeit.« Ich lehnte mich wieder nach hinten und verschränkte die Arme.

Bendisch schwieg und wiegte seinen Kopf leicht hin und her. Er kämpfte offensichtlich mit der Entscheidung, mir etwas zu sagen, befürchtete aber, dann nicht mehr zurückzukönnen, also wäre es doch besser, beim Schweigen zu bleiben.

»Dass ich Zeit habe, bedeutet nicht, dass ich nichts zu tun habe. Ich nehme mir gerne die Zeit und bespreche mit Ihnen alles Nötige. Aber einfach hier herumzusitzen und Sie davon zu überzeugen, dass es besser ist, mit mir zu reden, das ist nicht meine Aufgabe.«

»Ick weeß nich, was ick machen soll.«

»Und genau bei dieser Entscheidung werde ich Sie unterstützen. Aber dazu benötige ich Informationen.«

Wieder ging sein Kopf leicht hin und her.

»Wissen Sie was? Wir machen hier erst mal eine Pause«, schlug ich vor. »Ich gehe und hole uns einen Kaffee. Und Sie überlegen in Ruhe, ob Sie mir nicht doch erzählen, was Sie wissen, und wir überlegen darauf basierend, wie wir in Ihrer Sache vorgehen können.«

Ich stand auf, erkundigte mich, wie er den Kaffee trinken wolle, und ging auf den Flur. Auch das war eine Besonderheit in Moabit. In anderen Justizvollzugsanstalten wurde man während des Gespräches mit seinen Mandanten gut weggeschlossen. Da gab's dann auch keinen Kaffee zwischendurch, allein schon deshalb, weil nicht genug Personal da war, um Anwälte und Besucher zwischen Besucherzelle und Kaffeeautomat hin und her zu begleiten. Aus Sicherheitsgründen war es eigentlich egal, ob die Besucherzelle verschlossen war oder nicht; allzu weit kommt man in so einem Gefängnis ohnehin nicht.

Ich ließ Bendisch in der Zelle allein und ging zum Kaffeeautomaten, der ausschließlich für die Besucher gedacht war. Ein Gefangener konnte damit nicht viel anfangen, da man Bargeld in den Automaten stecken musste und die Gefangenen ihr gesamtes Bargeld, über das sie im Knast verfügen wollten, auf einem Gefangenenkonto zu verwahren hatten.

Da ich nicht wusste, wer hier wann den letzten Becher Kaffee aus dem Automaten gezogen hatte, goss ich den ersten Becher durch das Sieb nach unten. Kurze Zeit später saß ich mit Bendisch wieder in der Besucherzelle, jeder einen Plastikbecher Kaffee vor sich, und nahm einen Schluck des scheußlich schmeckenden Gebräus.

»Haben Se sich mal hier umjesehn?«, begann Bendisch diesmal das Gespräch. Vielleicht ein Zeichen einer vorsichtigen Annäherung.

Ich ließ meinen Kopf kreisen. »Schön ist was anderes.«

»Nee, dit meine ick nich. Das janze Kroppzeug hier. Schauen Sie sich doch um! Das ist hier die Sammlung der Loser der Nation.«

»Mit dieser Haltung werden Sie hier aber nicht weit kommen«, sagte ich ihm voraus. »Wenn Sie die Leute besser kennenlernen, werden Sie sie auch verstehen.«

»Dit sagen Sie so einfach. Sie sind ja draußen.«

»Dann sollten wir an Strategien arbeiten, um Ihnen die Möglichkeit zu eröffnen, nicht zu lange zu sitzen. Dafür bin ich aber auf Ihre Mitarbeit angewiesen.« Er ließ sich keine Reaktion anmerken, ich fuhr fort: »Wer hatte denn die Waffe, die bei der Festnahme bei Ihnen festgestellt worden ist, zum Zeitpunkt der Ermordung Ihres Mittäters?«

»Dit weeß ick doch nich. Mann, lassen Se mich in Ruhe.«

Er hatte die Pause offensichtlich anders genutzt, als ich es mir vorgestellt hatte.

»Es besteht natürlich auch die Möglichkeit, dass ich Sie einfach nach Aktenlage verteidige. Aber Sie können sicher sein, dass man auf diese Weise nicht das für Sie herausholen kann, was möglich wäre, wenn wir beide zusammenarbeiten.«

»Dit is dann auch ejal.«

Mir wurde klar, dass ich bei dem Mandanten an diesem Tag nicht mehr viel erreichen würde. Er vertraute mir nicht und focht seine inneren Kämpfe aus. Die Situation im Knast war für ihn nicht neu, aber man muss sich erst einmal orientieren, wenn man hier frisch einfährt, das wird mir bei ersten Gesprächen im Gefängnis immer schnell deutlich. Als Untersuchungsgefangener hat man verschärfte Haftbedingungen. Man ist meist allein in der Zelle, die Isolation macht einem zu schaffen, und man weiß nicht so recht, wem man trauen kann und um wen man besser einen Bogen macht. Sicher war auch die Trennung von den Mittätern angeordnet worden, und wenn es die Kapazität der JVA zuließ, waren auch die Nachbarzellen nicht besetzt.

Ich trank nach weiterhin ergebnislosem Verlauf des Gesprächs den Kaffee aus, verabschiedete mich und ging.

Klub Matrjoschka

Die Anklageschrift wurde durch die Staatsanwaltschaft Berlin wenige Wochen später verfasst, die Akten wurden an das Gericht gesandt. Ich schleppte ein paar Tage danach zusammen mit meinem Sozius und dem Referendar unserer Kanzlei die Aktenkartons in unsere Autos – zwölf Umzugskisten mit je durchschnittlich zehn Ordnern. Die Masse der Akten bestand aus Protokollen der technischen Überwachungsmaßnahmen; die Handys der Bandenmitglieder und deren wichtigste Kontaktpersonen waren über Monate abgehört worden. Damals wurde gegen sie wegen verschiedener schwerer Delikte ermittelt, die alle im Dunstkreis von Waffen- und Mädchenhandel begangen worden waren. Als dann der Mord ans Licht kam, wurden alle bis dahin bekannten Bandenmitglieder sofort festgenommen. Wegen der Mordwaffe, die bei der Festnahme bei meinem Mandanten beschlagnahmt und später eingezogen worden war, konzentrierte sich die Ermittlung hinsichtlich des Mordes schnell auf Bendisch.

Doreen schimpfte in der Kanzlei vor sich hin, als sie über zwanzigtausend Blatt Papier einscannen musste. Ich fluchte bei der Lektüre des Ganzen. Als Erstes nahm ich mir noch einmal die Anklageschrift vor. Dann sichtete ich wie meist die Beschuldigtenvernehmungen. Bis auf ein Bandenmitglied hatte keiner etwas gesagt.

Nur ein Bandenmitglied hatte mit den vernehmenden Beamten gesprochen, die dafür quer durch die Republik fahren mussten. Toralf Schrader saß in Untersuchungshaft. Er hatte sich erst mit einigen anderen Tätern eine Verfolgungsjagd durch München geliefert, bei der wechselseitig Schüsse abgegeben wurden. Es handelte sich um Auseinandersetzungen rivalisierender Banden. Schrader hatte dabei einen Unfall verursacht und einen Fußgänger tödlich verletzt. Er gab auf dem Vordruck zur Beschuldigtenvernehmung im Feld »Vorstrafen, Maßregeln zur Besserung und Sicherung und strafrechtliche Ermittlungsverfahren« an: »Bewährungsstrafen wegen Steuerhinterziehung und Menschenhandel, Ermittlungsverfahren wegen Totschlags.« Er wurde darüber belehrt, dass er als Beschuldigter in der Sache vernommen werde und es ihm freistehe, etwas zu den Vorwürfen zu sagen. Auf die Frage, ob er die Belehrung verstanden habe und sich in der Sache einlassen möchte, kreuzte er das Feld »Ich möchte mich zur Sache äußern« an und unterzeichnete den Vordruck.

Ich öffnete den Ordner mit den Dokumenten und las den Kollegen Folgendes vor:

»Zur Person: Gegen mich wird in einer anderen Sache beim Bayerischen LKA ebenfalls ermittelt. Auch zu jener Sache liegt ein Haftbefehl gegen mich vor, weshalb ich in der JVA Stadelheim in Untersuchungshaft bin. Aus diesen Gründen erfolgt meine Vernehmung in München. Bei den Angaben zu meiner Person verweise ich auf meine Aussagen beim BLKA vom 29.11.2010. Mir wurde mitgeteilt, dass die beim BLKA gefertigten Vernehmungsprotokolle auch hier vorliegen. Meine am 29.11.2010 gemachten Angaben zu meiner Person sind inhaltlich richtig, ich mache diese zum Gegenstand meiner heutigen Vernehmung.

Zur Sache: Am 22.09.2010 wurde Ihnen der Haftbefehl des Amtsgerichts Berlin-Tiergarten vom 18.09.2010, verkündet und eine Abschrift ausgehändigt. Damit sind Ihnen die Vorwürfe gegen Sie bekannt. Seit dieser Ver-

kündung ergaben weitere Ermittlungen, dass die Tatvorwürfe gegen Sie – unter Beibehaltung des grund-
sätzlichen Tenors – erweitert werden müssen.

Vorhalt: Sie sind im Sinne des Tatvorwurfs aus dem
Haftbefehl dringend tatverdächtig, im Monat Juli 2010
Beihilfe zum Mord an Harald Ascher geleistet sowie
als Mitglied einer kriminellen Vereinigung, die sich im
Zeitraum vom November 2007 bis 12.07.2010 zusam-
mengefunden hat, in mindestens 40 Einzelhandlungen
als Auftraggeber in engem Zusammenwirken mit dem
Mitbeschuldigten Alexander Schiemenz und Eric Ben-
disch und teilweise selbst als Fahrer Menschenhandel,
Förderung der Prostitution und in mindestens 20 Fällen
Verstöße gegen das Waffengesetz begangen zu haben.

Antwort: So im Jahr 2004 lernte ich den Kaufmann
Ludwig Greiner hier in München kennen. Der hatte mehrere Firmen, ein Haus in Altbogenhausen, fuhr einen
Aston Martin V12 mit fast 500 PS und hatte sogar ein
Flugzeug. Ich hatte eine kleine Baufirma. Oder besser gesagt, meine Frau hatte die. Mit meiner vorherigen Firma
musste ich Insolvenz anmelden. Dann hat meine Frau das
Gewerbe für die neue Firma angemeldet. Aber ich hatte
das Sagen. Wir arbeiteten gerade an der neuen Garage für
Greiner, als meine Frau jemand anderen kennenlernte,
der angeblich Ordnung in ihr Leben bringen wollte.

Damit fing alles an. Meine Frau reichte die Scheidung
ein, meldete einfach das Gewerbe ab, verkaufte die Fir-
menfahrzeuge, um den Lohn, die Steuern, Krankenver-
sicherung und das alles zu bezahlen. Dann kündigte sie
auch noch meinen Leuten. Die Garage konnte ich nicht
fertigstellen. Greiner beauftragte einen anderen Bauun-
ternehmer, der viel zu teuer baute, und nun hatte ich
bei Greiner Schulden. Der ließ sich nicht mit dem Hinweis auf die Insolvenz abspeisen. Alexander Schiemenz
stand eines Abends mit einem anderen Russen, Feodor,

Fjodor oder so ähnlich, bei mir vor der Wohnung. Sie stießen mich in den Flur und verprügelten mich. Alexander steckte mir seine Pistole in den Mund und gab mir eine Woche, um die Schulden zu begleichen.

Ich hatte Angst und versuchte, schnell an Geld zu kommen. Ich verkaufte noch ein paar Maschinen, nur so ein Kleinkram, und besorgte mir ein paar Tütchen Marihuana, das ich gewinnbringend weiterverkaufen konnte. Das alles würde aber nicht reichen, und so suchte ich Greiner auf, der mich aber abblitzen ließ. Der tat erst so, als ob er mich nicht kenne, und meinte dann, dass ich von ihm hören würde oder so. Da kamen dann wieder die beiden Russen. Die knöpften mir mein Geld ab und sagten, dass ich den Rest mit Zinsen und das Geld für ihre Arbeit, die sie mit mir hatten, in Berlin abarbeiten könnte.«

Im Verlaufe der zweitägigen Vernehmung berichtete Toralf Schrader, wie er in Berlin zusammen mit Alexander Schiemenz, Harald Ascher und Eric Bendisch das Geschäft aufbaute, die Tabledance-Bar Matrjoschka in Berlin einrichtete und über Alexanders Kontakte Mädchen beschaffte und diese teils selber über die Grenze nach Deutschland verbrachte.

Zum Tod von Harald Ascher befragt, räumte er ein, mit dabei gewesen zu sein, als die anderen drei Täter und er ihn in den Grunewald schleppten. Da sei er aber schon tot gewesen. Alexander hatte nur gesagt, dass es ein Unfall gewesen sei. Mehr fragte man Alexander auch nicht, wenn man nicht Gefahr laufen wollte, selbst einen Unfall zu erleiden. Trotz aller Bemühungen der vernehmenden Beamten und des Hinweises auf die für einen Unfall ungewöhnliche Verletzung blieb Schrader bei seiner Schilderung.

In einer gesonderten Aktennotiz vermerkten die vernehmenden Beamten, dass Toralf Schrader unter dem

Eindruck der Tötung eines unbeteiligten Verkehrsteilnehmers stand und »reinen Tisch« machen wollte. Sobald jedoch das Gespräch auf Alexander Schiemenz und den Tod von Harald Ascher kam, sei der Beschuldigte einsilbig geworden, habe sich schnell in Widersprüche verstrickt und hätte dann nichts mehr gesagt. Es drängte sich die Vermutung auf, dass dieses Aussageverhalten auf der Angst vor Alexander Schiemenz beruhte.

Die mich bewegenden Fragen zum Mordvorwurf gegen meinen Mandanten fand ich in den seitenlangen Vernehmungsprotokollen nicht beantwortet. Ein rechtes Motiv, Harald Ascher zu töten, hatte eigentlich keines der Bandenmitglieder.

Der kriminaltechnische Untersuchungsbericht zur Waffe klassifizierte diese als eine kroatische Pistole HS 2000, die von der kroatischen Polizei und Armee seit 1999 genutzt wird. In den USA wird sie als Springfield XD verkauft. Das Magazin war mit »9 x 19 mm Parabellum«-Munition geladen – aber nicht voll, vier Patronen fehlten. Die ballistische Identifizierung ergab, dass es sich bei der bei Bendisch aufgefundenen Pistole mit an Sicherheit grenzender Wahrscheinlichkeit um die Waffe handelte, mit der Harald Ascher erschossen worden war. Der Lauf der Waffe hatte sowohl dem im Schädel der untersuchten Leiche gefundenen Projektil wie auch den Vergleichsprojektilen seinen eigenen Stempel aufgedrückt. Die 9-mm-Para hat nicht die höchste Durchschlagskraft, weshalb bei der Schädelverletzung des Opfers und der fehlenden Austrittswunde von einer Entfernung zwischen Schütze und Opfer von ungefähr 10 bis 15 Metern ausgegangen werden konnte.

Zur Herkunft der Waffe gab es nur Spekulationen. Einem Aktenvermerk war zu entnehmen, dass Bendisch häufig in einem dem Klub Matrjoschka nahe gelegenen italienischen Restaurant verkehrte, welches von einer kroatischen Großfamilie betrieben wurde, die im Verdacht des Drogenhandels, verbotenen Glücksspiels und der Geldwäsche stand. Schusswaffen konnten dort jedoch bei keiner der Durchsuchungsmaßnahmen sichergestellt werden.

Das Gros der Akten waren Protokolle aus den technischen Überwachungsmaßnahmen, die sich in diesem Fall weitestgehend auf Handyüberwachungen beschränkten.

Bei der Wohnraumüberwachung gelang es trotz des vorliegenden gerichtlichen Beschlusses zur »begrenzten längerfristigen Observation der Beschuldigten und des Firmengebäudes unter Einsatz technischer Mittel« nicht, auch tatsächlich Technik einzubauen. Erst kurz vor der Festnahme waren zumindest in der Wohnung, die über den Räumen des Klubs Matrjoschka lag, eine Kamera und ein Mikrofon installiert worden.

Zu diesem Zeitpunkt bewohnte mein Mandant diese Wohnung, da ihn seine Freundin aus der gemeinsamen Bleibe rausgeschmissen hatte. Wie mir Bendisch später berichtete, hatte es ihr anfangs nicht viel ausgemacht, womit er sein Geld verdiente. Er wollte auch nicht, dass sie in den Klub kam. Als sie ihn dort aber einmal besuchte, sah sie, wie ein junges Mädchen an seiner Seite weinte. Als dieses seine Hände vom Gesicht nahm, war die blutende Nase zu sehen. Seitdem ging es in dieser Beziehung bergab.

In den Lichtbildanlagen befanden sich Fotos aus der Wohnraumüberwachung. Mein Mandant saß meist vor dem Fernseher, neben ihm auf dem Tisch seine Pistole und eine Flasche Bier, ihm zu Füßen seine Schäferhündin. Dass er einen Hund hatte, versuchte ich mir einzureden, mache ihn wenigstens ein wenig sympathisch; aber auch diesbezüglich musste ich alsbald meine Meinung korrigieren.

Da bei den Telefonaten jedes Gespräch und auch nur jede SMS mit einem Text wie »Komme nachher rum« zumindest ein Blatt ausmachte, kann man sich vorstellen, wie schnell zigtausend Seiten zusammenkommen. Zu jeder Handynummer gab es einen gesonderten Antrag der Staatsanwaltschaft Berlin und einen entsprechenden Beschluss des Amtsgerichts Tiergarten. Da die Bande schon länger ins Visier der Ermittler geraten war, kamen auch noch entsprechende Anträge und Beschlüsse über die Verlängerung der Maßnahme hinzu.

Da der Klub Matrjoschka der Anlaufpunkt der Bande war, erschien es auch nicht ungewöhnlich, dass Harald Ascher am 20. Juni 2010 um 21.36 Uhr von dort seine letzte SMS-Nachricht an seine Freundin mit dem Text »Komme später!« sendete.

Die Offenbarung

»Alexander hat den Harald kaltgemacht«, offenbarte mir bei meinem nächsten Besuch in Moabit mein Mandant, nachdem wir bereits eine Stunde miteinander gesprochen hatten. Ihm war durch die Lektüre der Anklageschrift vor Augen geführt worden, dass die Staatsanwaltschaft von ihm als demjenigen ausging, der Harald Ascher hinterrücks ermordet hatte. »Wenn ich das sage, macht mich Alex aber kalt, und wenn es nach hundert Jahren ist.«

»Und warum soll Alex es getan haben?«, erkundigte ich mich im zweifelnden Ton. So leicht wollte ich es meinem Mandanten nicht machen. Und bevor ich ihm Glauben schenkte, wollte auch ich mich versichern, dass diese Variante jene war, die dem tatsächlichen Geschehen am nächsten kam.

»Der Harald wollte zusammen mit den Kroaten sein eignes Jeschäft mit den Mädchen machen. Der wusste doch nu, wie's funktioniert, und wollte nicht imma nur die kleenen Stückchen haben, sondern einen großen Teil vom Kuchen.«

»Dann hätte er in der Tat ein Motiv gehabt«, bestätigte ich zwar, blieb aber mit meiner nächsten Bemerkung skeptisch: »Aber deshalb gleich jemanden ermorden?«

»Und ob! Alex hatte schon allet jewusst und Harald ja nich mehr zur Rede jestellt. Der Alex, der hatte zuvor von einem der Kroaten alles erfahren. Den hatte Alex halb totjeprügelt. Das ist so ein jähzorniger und brutaler Typ, dit glooben Se nich. Deshalb haben die janzen Mädchen auch jekuscht. Den Harald hat der eiskalt von hinten abjeknallt.«

»Waren Sie denn dabei?«, erkundigte ich mich aufgrund der lebhaften Schilderung meines Mandanten.

»Nee. Dit hat mir alles Alex erzählt. Aber nich, um zu prahlen. Der wollte mir Schiss machen … hat ja auch jeklappt.«

»Also nur vom Hörensagen?«

»Na ja, schriftlich hat er's mir nich jejeben.«

»Und die Waffe? Wie kommen Sie zu der Waffe?«

»Die hat er mir zwei Wochen später verkooft. Ick wollte ja imma 'ne Knarre haben.« Jetzt schüttelte er seinen Kopf. »Ick hab ja och jefragt, ob das dit Schießeisen is, mit dem er Harald umgelegt hatte.«

»Ja, und?«, ermunterte ich Bendisch zum Weiterreden.

»Der hat jefragt, ob ick blöde bin. Die Pistole hat er schon längst am Tempelhofer Ufer in den Kanal geworfen … Scheiße is, verdammt noch mal.« Bendisch schlug mit der Faust auf den Tisch. »Der hat mich so richtich reinjerissen.«

»Und was machen wir jetzt?«

»Dit müssen Sie mir sagen!«

»Sie können das so in einem Hauptverfahren sagen. Oder es sofort gegenüber der Staatsanwaltschaft darstellen. Noch ist ja die Anklageschrift zur Hauptverhandlung nicht zugelassen.«

»Dit jeht so nich. Dann bringt mich Alex um oder lässt mich noch hier im Knast kaltmachen. Dit is sicher.«

»Sie können Alex auch weiter decken und die Strafe für ihn kassieren.«

»Mehr als fuffzehn Jahre?«

»Wie ich es Ihnen schon gesagt habe«, bestätigte ich.

»Nee, dit will ich nich.«

»Ich kann auch mit dem Gericht sprechen, dass zu Ihrem Schutz besondere Sicherungsmaßnahmen getroffen werden, wenn Sie gegen Alex aussagen.«

»So Zeugenschutz?«

»Das ist wieder etwas anderes. Das könnten Sie mit der Staatsanwaltschaft besprechen.«

»Wenn die hierherkommen, dann macht das gleich die Runde. Alex hat Leute überall. Die machen mich kalt. Ehrlich! … Und bin ich dann Kronzeuge oder so?«

»Das ist wieder etwas anderes. Sie müssen da zwischen Zeugenschutz und Kronzeugenregelung unterscheiden. Die Kronzeugenregelung ermöglicht eine Strafmilderung oder einen Straferlass, wenn Sie Ihr Wissen preisgeben und das dazu führt, dass gegen Alex wegen Mordes verhandelt werden kann.«

»Und dann bin ick straffrei?«

»Das entscheidet das Gericht. Eine ordentliche Milderung der Strafe ist auf alle Fälle drin. Das müssen wir uns noch genau anschauen, was für Sie noch als Strafe übrigbleiben könnte. Es ist aber nach der neuen Regelung, die seit dem letzten Jahr gilt, durchaus möglich, dass von einer Strafe völlig abgesehen werden kann.«

»Dit wär was. Dann würd ich Alex auch verpfeifen. Obwohl …«

»Ja?«, ermunterte ich ihn zum wiederholten Mal.

»Alex is wirklich übel. Der hat überallhin Kontakte. Ick bin nich sicher. Auch nich hier drinne.« Er fingerte durch ein schmales Loch der Innentasche seines Sweatshirts und kramte herum. Es war ihm sichtlich nicht angenehm, dass ich zusah, wo er so seine Versteckchen hatte.

»Das kann ja noch ein wenig dauern«, meinte ich und stand auf. »Dann versuchen wir es mal wieder mit einem Kaffee.«

Als ich mit meinen beiden Kaffeebechern zurückkam, hielt mir Bendisch einen kleinen, zerknitterten Zettel entgegen. Da ich vermutete, dass es sich um eine unerlaubte Nachricht unter den voneinander getrennten Untersuchungsgefangenen in dieser Sache handelte, fragte ich nur: »Kassiber?«

Bendisch nickte.

Ich las laut: »Wir sagen nichts. A.«

Dann blickte ich auf. »Woher haben Sie das?«

Das wollte er mir nicht sagen. Mein Mandant zuckte mit den Achseln.

»Schon klar«, meinte ich, »ein Kalfaktor.«

Das bestätigte er mir nicht, aber über die Jahre hatte ich mitbekommen, wie das lief.

»Alex kommt überall und an jeden ran«, meinte er nachdenklich.

»So was ist nie ausgeschlossen«, sagte ich ehrlich.

»Aber, wenn ick hier rauskommen könnte …«

»Wie gesagt«, erklärte ich verhalten, »da gibt's keine automatische Strafmilderung. Es wird durch das Gericht abgewogen, wie hoch der Nutzen Ihrer Aussage wirklich ist.«

»Hm, das ist ja nicht so richtich sicher.«

»Und beeilen müssten Sie sich auch mit Ihrer Entscheidung. Die Kronzeugenregelung findet nur Anwendung, wenn Sie sich vor Eröffnung der Hauptverhandlung dazu entscheiden, gegen Alex auszusagen.«

»Da setzen Se mich aber unter Druck. Is dit erlaubt?«

»Steht so im Gesetz. Das Gericht möchte sicherstellen, dass es selbst und die Staatsanwaltschaft die Stichhaltigkeit Ihrer Angaben überprüfen kann, bevor über eine Strafmilderung entschieden wird.«

»Und Zeugenschutz, da bekomm ick 'nen neuen Namen, 'nen neues Gesicht, Kohle und so?«

»Nein, nein, so läuft das nicht! Über den Umfang entscheidet die Staatsanwaltschaft. Die können das Geld nicht so einfach raushauen. Sie können sich mit einer neuen Identität eine neue wirtschaftliche Zukunft aufbauen. Aber der Staat wird da nicht Geld über das Maß ausgeben, das Sie berechtigt sind, auch jetzt zu beziehen.«

»Sie meinen Hartz IV und so?«

»Darauf wird es in Ihrem Falle wohl hinauslaufen, aber das wird alles mit Ihnen abgesprochen werden.«

»Nee, ohne Kohle mach ick jar nischt.«

»Das ist Ihre Entscheidung … Dann sollten wir überlegen, ob und welche Beweisanträge wir jetzt im Zwischenverfahren stellen können, um Sie zu entlasten. Beispielsweise könnten wir beantragen, den Kroaten zu hören, der von Alex verprügelt worden ist.«

»Geht ja jar nich, dann weeß der doch sofort, dass ich das alles erzählt habe. Dann können Se mich gleich mit abknallen.« Er schüttelte mit dem Kopf und wollte dann eine Idee anbringen. »Könn Se nich beantragen, dass untersucht wird, ob Alex so Rückstände vom Abfeuern der Waffe an seinen Händen hat?«

»Können wir. Macht aber nicht viel Sinn, befürchte ich. Haben Sie in der letzten Zeit geschossen?«

Er guckte verständnislos. »Nee, ick meine ja Alex.«

»Habe ich schon verstanden. Beantworten Sie bitte meine Frage: Haben Sie in letzter Zeit geschossen?«

»Na klar, gleich, als ich die Knarre von Alex bekam, bin ich ins Umland und hab sie im Wald ausprobiert.«

»Sehen Sie. Bei Ihnen werden also auch Schmauchspuren festzustellen sein.«

Er blickte etwas verwirrt und meinte kleinlaut: »Ja.«

»Und die anderen?«

»Wir haben alle gerne rumgeballert.«

»Sehen Sie. Es werden bei allen Schmauchspuren festzustellen sein. Und genau das wird Alex dann auch im Prozess erklären. Das bedeutet aber nicht, dass er Harald erschossen hat.«

»Dann läuft es aber wieder darauf hinaus, dass Alex mir den Mord an Harald in die Schuhe schiebt.«

»Das sehe ich auch so«, bestätigte ich die Befürchtung meines Mandanten.

»Dit kann doch aber nich sein. Ick war es nich. Ehrlich! Und wenn ick dit nich jewesen bin, dann kann mir das Jericht dit auch nicht beweisen, so!«

»Das Gericht muss Ihnen auch nichts zu hundert Prozent beweisen.«

»Sehn Se«, frohlockte er.

»Das Gericht wird Sie verurteilen, wenn es davon überzeugt ist, dass Sie der Täter sind.«

»Wie, einfach, weil die dit glooben?«

»Die Überzeugung muss das Gericht aus dem Verfahren gewinnen und muss das anhand objektiver Kriterien darlegen können. Aber einen einhundertprozentigen Nachweis muss das Gericht eben gerade nicht führen.«

»Und das Gericht könnte mich verurteilen?«

»Der Besitz der Tatwaffe belastet Sie erheblich.«

Der Kronzeuge

Nach einem weiteren Gespräch mit meinem Mandanten trafen wir uns mit Vertretern der Staatsanwaltschaft. Nach der Prüfung der Sache wurde meinem Mandanten in Aussicht gestellt, ihn in ein Zeugenschutzprogramm mit vollständigem Identitätswechsel aufzunehmen. Bendisch war einer der wenigen Mandanten, für den die Kronzeugenregelung in Anwendung kam.

Er sagte umfassend darüber aus, über welche Verbindungen Alex die Mädchen und auch Waffen besorgt hatte. Er selbst hatte Alexander Schiemenz in einer Kneipe in Berlin kennengelernt. Als ein Mann in die Kneipe kam, um Zigaretten zu holen und dabei nach Bendischs Ansicht zu lange auf sein Tattoo am Hals starrte, schlug er einfach zu. Der Kunde erlitt eine Mittelgesichtsfraktur. Bendisch verfolgte den Geschlagenen noch bis auf die Straße und warf ihm eine halb volle Bierflasche gegen das Auto. Der Vorfall kam zur Anklage. Als Bendisch nach der Verhandlung aus dem Amtsgericht Tiergarten trat, standen dort Alexander Schiemenz und Toralf Schrader. Sie gingen feiern, dass Bendisch noch einmal mit einer Bewährungsstrafe davongekommen war. Die beiden schlugen ihm vor, mit in ihr Geschäft einzusteigen. Bendisch gab an, dass die beiden für ihn nicht nur Freunde wurden, sondern seine Familie waren und der Klub Matrjoschka sein Zuhause.

Bei der Sache mit Harald Ascher hätte Alex überzogen. Der sei auch erst später zu ihnen gestoßen. Als freischaffender Zuhälter für seine Freundin habe er immer Kohle an den Paten von Berlin abdrücken müssen, damit sein Mädchen auf den Strich gehen konnte. Alex nahm beide unter seinen Schutz, und Haralds Freundin durfte dann auch im Klub arbeiten. Harald hatte schon immer den Hang, sein eigenes Ding zu machen, und war schon zuvor mit Alex, aber auch mit den anderen beiden Tätern zusammengeraten. Einmal wurde Harald von ihm und Toralf so richtig verprügelt. Dann lief es wieder.

Als Harald von Alex erschossen worden war und sie dessen Leiche in den Grunewald schleppten, waren sie alles andere als vorsichtig gewesen. Sie sangen sogar noch »Ein Männlein liegt im Walde ganz still und stumm ...« und lachten dabei. Der Quertreiber war beseitigt, und jetzt konnte alles wieder gut werden.

Zum Prozessauftakt im Kriminalgericht Moabit wurden die anderen Angeklagten, die sich immer noch in Untersuchungshaft befanden, mit Handschellen in den Gerichtssaal geführt. Die Angeklagten gehen dabei von den Hafträumen über gesonderte Gänge bis in den Gerichtssaal, so dass sie bis dahin nicht von dem vor dem Saal stehenden oder auch im Verhandlungssaal sitzenden Publikum, der sogenannten Öffentlichkeit, wahrgenommen werden können. Eric Bendisch war an einem sicheren Ort untergebracht und wurde zu jedem Verhandlungstag von Beamten des LKA begleitet. Im Saal saßen an allen Verhandlungstagen neben den Justizwachtmeistern uniformierte Polizisten und im Publikum meist vier bis sechs männliche Personen in Zivil, von kräftiger Statur, im Alter zwischen 25 und 35 Jahren, in unauffälliger Kleidung, die am Prozess selbst nur mäßiges Interesse erkennen ließen. Diese Sonderbehandlung gefiel Bendisch sichtlich.

Zu den anderen Verteidigern hatte ich ein eher distanziertes Verhältnis. Alexander Schiemenz hatte sich dazu entschlossen, sich nicht zur Sache zu äußern, und Toralf Schrader wiederholte sein halbherziges Geständnis aus der Beschuldigtenvernehmung. Da sich mein Mandant vor Zulassung der Anklage zur Hauptverhandlung umfassend geständig eingelassen hatte, sah es für den

Haupttäter Alexander Schiemenz nun schlecht aus. Toralf Schrader hatte sich zwar auch geständig eingelassen, hatte aber nichts zum Mord an Harald Ascher sagen können oder wollen. Das Aussageverhalten der Mandanten wirkte in eigentümlicher Weise auf das Verhältnis der Verteidiger untereinander zurück.

Der Verteidiger des Haupttäters versuchte, meinen Mandanten unglaubwürdig zu machen. Seine Fragen zielten schwerpunktmäßig auf die Unterstellung, dass er Alexander Schiemenz ausschließlich deshalb belaste, um selbst straffrei davonzukommen. Mein Mandant, der im Übrigen auch versuchte, seine Tatbeiträge kleinzureden, verstrickte sich gelegentlich in Widersprüche. Sobald er das erkannte, wurde er nervös und laut. Meine Mahnungen, sachlich zu bleiben, verpufften weitgehend ungehört.

Besonders ärgerlich und peinlich war Bendischs Auftreten an einem der späteren Verhandlungstage, nachdem die Anklage verlesen worden war, die Einlassungen der Angeklagten gehört und diese dazu befragt worden waren – bis auf Alexander Schiemenz, der weiterhin schwieg –, wir Dutzende Sachverständige und Zeugen gehört hatten und Protokolle der technischen Überwachungsmaßnahmen vom Vorsitzenden Richter verlesen worden waren. Bendisch hatte mich während einer Verhandlungspause mit seinem schriftlich vorbereiteten Antrag auf Entschädigung und Schmerzensgeld wegen der anlässlich seiner Festnahme erlittenen Verletzungen konfrontiert. Als ich mitbekam, wohin die Reise ging, versuchte ich vehement, ihm das auszureden. Erstens wäre sein Antrag hier unzulässig, weil er den ordentlichen Gerichtsweg wählen müsste und ohnehin abgewiesen werde, und zweitens würde ich mich schämen, einen solchen Antrag zu stellen. Aber auch diesbezüglich war er uneinsichtig.

Eindeutig erklärte ich ihm: »Ich werde diesen Antrag für Sie nicht stellen.«

Bendisch stellte sich bockig. »Dann mach ick dit eben alleene. Für dit, wat die bei meiner Verhaftung jemacht haben, da möcht ick Schadensersatz haben. Da soll der Staat mal 'nen bisschen bluten.«

»Hier können Sie allenfalls Anträge nach dem Strafrechtsentschädigungsgesetz stellen, aber nicht wegen der von Ihnen behaupteten – wie haben Sie es vorhin ausgedrückt? – sexuellen Gewalt. Das ist völlig neben der Sache. Und nebenbei bemerkt, das Gericht hat Ihre Persönlichkeit bei der Frage einer völligen Straffreiheit mit zu berücksichtigen.«

»Wenn Se dit nich machen ...«

»Keinesfalls«, fiel ich ihm ins Wort. »Und Geld werden Sie deshalb auch nicht sehen.«

»Na mir geht's nicht so sehr ums Jeld. Halt mehr ums Prinzip.«

»Meine persönliche Meinung ist –«, wollte ich erklären und brach dann besser ab. »Ach, lassen Sie das doch sein.« Nach einer kleinen Pause fügte ich hinzu: »Als Staatsanwalt würde ich überlegen, ob ich nicht noch ein Tierschutzdelikt finde, gegen das Sie verstoßen haben.«

Als die Pause beendet und die Sache zur Verhandlung aufgerufen worden war, erkundigte sich der Vorsitzende, ob es noch Erklärungen seitens der Verfahrensbeteiligten gäbe.

»Ick, Herr Vorsitzender, hätte da noch was.«

»Ja, bitte?«

Bendisch stand auf. Ich rückte mit meinem Stuhl nach hinten und von Bendisch sichtlich ab. Der musste doch spinnen!

»Sie können gerne sitzen bleiben«, erklärte der Vorsitzende Richter, und der Angeklagte nahm wieder Platz.

Er las von seinem Blatt ab: »Antrag auf Schadenersatz.«

Im Publikum setzte Gemurmel ein.

Bendisch fuhr fort: »Im Verfahren konnten alle hören, dass ich verhaftet wurde. Das SEK drang in das Büro ein. Ich wohnte seit einiger Zeit darin. Das Zimmer war verwanzt. Die Polizei wusste genau, was ich mache. Da war auch eine Kamera angebracht. Ich hatte gerade die Hose runtergelassen, und mein Hund leckte an meinem Glied.«

Das Gemurmel im Saal wurde lauter. Die konkreten Einzelheiten der Festnahme waren bis dahin nicht Gegenstand des Verfahrens gewesen.

Der Vorsitzende glaubte, nicht richtig verstanden zu haben, und unterbrach den Angeklagten. »Reden Sie bitte deutlich. Das kommt hier oben sehr schlecht an.« An die Protokollführerin gewandt, erkundigte er sich: »Haben Sie alles verstanden?«

Die Protokollführerin schüttelte verständnislos mit dem Kopf, sagte aber »Ja«.

Da nun das Geraune anhob, gebot der Vorsitzende dem Publikum mit kräftiger Stimme: »Ich bitte um Ruhe im Saal!« Und an Bendisch gewandt: »Fahren Sie fort! Aber bitte etwas lauter!«

»Die Polizei hat das über die Kamera gesehen. Die haben die Tür mit dem Rammbock aufgeschlagen. Da hat mein Hund einen Schreck bekommen und mir in den Schwanz gebissen.«

Das Gemurmel hob im Saal wieder an.

»Ruhe!«, brüllte der Vorsitzende, der gleich wieder mit großen, ungläubigen Augen zu Bendisch blickte.

»Die Beamten haben genau gewusst, was mein Hund gemacht hat. Sie haben genau in dem Moment die Tür zertrümmert, als er mich befriedigt hat. Die Schmerzen sind immer noch da. Ich habe Narben am Glied.

Mir mussten gleich Spritzen gegeben werden, damit sich das nicht entzündet und ich keine Blutvergiftung und so bekomme. Dann musste ich auch Antibiotika nehmen, weil sich das dann doch entzündet hat. Das war eine geplante Körperverletzung von der Polizei. Die haben gewusst, was passiert. Ich habe dann auch geschrien. Wegen der übermäßigen Gewaltanwendung steht mir Schmerzensgeld zu. Ich wurde dann auch halb nackt auf den Boden geworfen, und mir wurden Hand- und Fußfesseln angelegt. Mehrere Beamte haben mich geschlagen und mein Gesicht auf den Boden gedrückt.«

Da sich nun laute Stimmen im Publikum erhoben, sah sich der Vorsitzende gezwungen, die Verhandlung zu unterbrechen.

Erwartungsgemäß wurde dieser Antrag meines Mandanten abgewiesen.

Kurz vor dem Ende des Prozesses wurden die Angeklagten zu ihrer persönlichen Entwicklung befragt. Alexander Schiemenz schwieg; auch als der Vorsitzende ihm am Ende der Verhandlung das letzte Wort gab, blieb er stumm.

Toralf Schrader gab an, den Beruf des Maurers erlernt zu haben, wie es schon aus verschiedenen verlesenen Urteilen hervorgegangen war, die früher gegen ihn erlassen worden waren, und gab ansonsten seiner Exfrau die Schuld, dass er wieder straffällig geworden war.

Bei Eric Bendisch hatte ich wegen des Zeugenschutzes erst Bedenken gegen Äußerungen zur Entwicklung. In solchem Fall kann man allzu leicht Rückschlüsse auf künftiges Verhalten ziehen und Personen erkennen, durch die man Zugang zu der Person erlangen könnte. Aber bei ihm war dies weitgehend unwahrscheinlich: Er war Einzelkind, sein Vater unbekannt, die alko-

holkranke Mutter mit der Erziehung des Kindes überfordert. Bendisch kam ins Heim, nachdem er Mitschüler
schon in der Grundschule erst bedroht und dann mit
einem Messer verletzt hatte. Auch im Heim war er immer wieder auffällig geworden. Danach erfolgte eine
Unterbringung in einer Kinder- und Jugendeinrichtung.
Die Jahre im Heim gestalteten sich sehr problematisch.
Aufgrund der festgestellten Störung im Sozialverhalten
nahm er einige Jahre das Medikament Medikinet ein
und wurde auch ambulant psychologisch betreut. Mit
dem Heranwachsen nahm er das Medikament jedoch
nicht mehr ein, und der Psychologin gelang auch nur
bedingt der Zugang zu ihm. Sein Verhalten im Heim
und in der Schule war geprägt von verbalen und auch
körperlichen Attacken gegen Mitschüler und Erzieher;
seine Aggressionen lebte er auch an Sachen aus.

Mehrere Versuche, einen Schulabschluss zu erreichen, scheiterten; er verließ die Schule mit seinem letzten Zeugnis. Einen Monat vor dem Erreichen des acht-
zehnten Lebensjahres wurde das Verhältnis zur Mutter
dann völlig zerstört, als er sie mit einem Messer am
Hals verletzte, nachdem sie sich geweigert hatte, das
wenige Geld herauszugeben, von dem er wusste, dass
sie es für ihn gespart hatte, damit er sich »etwas aufbauen« könne. Die Mutter verstarb schließlich an Krebs.

Nach dem Prozessende fand noch ein Treffen mit meinem Mandanten statt, bei dem das LKA meine Kanzlei wie eine Festung absicherte. Ich erläuterte Bendisch
das Urteil. Alexander Schiemenz war zu lebenslanger
Freiheitsstrafe verurteilt worden. Tobias Sauer zu vier
Jahren und sieben Monaten und hatte noch eine Verurteilung wegen des Totschlags in München zu erwarten. Dass dann im Zuge einer nachträglichen Gesamt-
strafenbildung die Gesamthaftdauer festgelegt werden

müsste, verstand mein Mandant nicht. Ich hatte ohnehin den Eindruck, dass ihn das alles wenig interessierte.

Ob die Kronzeugenregelung Sinn macht, ist nach wie vor umstritten. Eines der Hauptargumente dagegen ist jedoch, dass einer der Täter durch die Aussicht auf Straffreiheit über Gebühr dazu veranlasst werde, Mittäter zu belasten. Auch wird gegen diese Norm argumentiert, dass Haupttäter straffrei ausgingen, während die kleinen Fische verurteilt würden, womit die These genährt werde, dass man die Kleinen hängt und die großen Täter laufen lässt. In der Tat war es so, dass aufgrund von Bendischs Aussagen viele der kleineren Helfershelfer dingfest gemacht und in weiteren Verfahren verurteilt werden konnten. Immerhin konnte mit seiner Hilfe ein Mörder überführt werden.

Ich hätte wetten können, dass ich nie wieder in meinem Leben etwas von ihm hören würde. Der Anruf des Richters aus Ansbach, nachdem Danny Mehmer alias Eric Bendisch im betrunkenen Zustand einen Truck gestohlen und sich mit der Polizei eine Verfolgungsjagd geliefert hatte, belehrte mich eines anderen. Danach jedoch hörte ich nie wieder etwas von ihm.

Schwarzes Gold

»Klein-klein ist hier gar nichts!«

Anne traute sich kaum, ihm den Brief zu übergeben.

Andreas nahm ihr den Umschlag ab und riss ihn vor ihren Augen auf.

Sie kannte ihren Freund gut und konnte den Inhalt an seinem Gesicht ablesen. »Wieder eine Absage?«

Er nickte.

»Aber du bleibst dran?«

»Klar doch!«, bestätigte er, um einen Moment später zu zweifeln. »Wenn es auch wenig Zweck hat.«

»Irgendwann wird es schon klappen«, munterte sie ihn auf.

Andreas schüttelte den Kopf. »Zu alt, überqualifiziert, keine Erfahrung in der einschlägigen Branche.«

»Quatsch!«, unterbrach sie ihn. »Du bist ein Genie! Wie viele Sprachen sprichst du? Mehr, als ich Jahre zur Schule gegangen bin. Du hast Kernphysik an der Lomonossow-Universität studiert. Du rechnest im Kopf schneller, als ich an der Kasse tippe.«

Beide lächelten. So hatte er versucht, die zierliche blonde Schönheit hinter der Supermarktkasse auf sich aufmerksam zu machen, und auch mehrfach beeindruckt: Sie tippte den Preis der Waren in die Kasse und noch bevor sie die Taste für die Gesamtsumme drückte, nannte er ihr laut die Zahl. Erst dachte sie, dass ein

Trick dahinterstecke, er den Wert der Waren schon vor der Kasse zusammengerechnet habe oder sonst etwas. Dann hatte er das gleiche Spiel an einem anderen Tag mit den Waren einer Frau, die vor ihm an der Kasse stand, gespielt. Anne bewunderte ihren Andreas. Er war früher Wissenschaftler im Kernforschungszentrum Dresden-Rossendorf gewesen. Mit dem Aus für den Forschungsreaktor kam auch das Aus für seine wissenschaftliche Arbeit. Den Aufsprung zu dem sich jetzt dort wieder entwickelnden Forschungszentrum schien er nicht mehr zu schaffen. Als freier Berater für zukunftsorientierte Energieanlagen lief es auch nicht so gut. In manchen Monaten kam durch sein Hobby – er war Gitarrist in einer Country-Band – mehr Geld rein als durch seine freiberufliche Arbeit.

Und dann? Dann musste Anne, die für sie beide und seinen Jüngsten, der jetzt Jura studierte, ein Nest bauen wollte, auch noch dieses Häuschen finden: eines von den kleinen Häusern, die im zerbombten Dresden nach dem Krieg gebaut worden waren, ohne Schnörkel und Besonderheiten, und seit über vierzig Jahren kaum etwas daran gemacht, dafür aber bezahlbar. Doch bezahlbar hieß nicht umsonst. Wie sollte er Annes Wunsch jemals erfüllen können? Sie hatte etwas Besseres verdient als ihn: einen Mann, der sie liebte wie er, der aber auch wirtschaftlich in der Lage war, ihre kleinen Träume wahr werden zu lassen.

Sie holte ihn wie so oft in die Realität zurück. »Nee, du findest ganz bestimmt was. Ich gehe nachher wieder zur Spätschicht in den Supermarkt hinter die Kasse. Aber du, Andreas, du verkaufe dich nicht unter Wert.«

Er blickte die kleine, schlanke Frau mit den kurzen blonden Haaren liebevoll an. »Ach Schatz, der Wert eines Menschen bestimmt sich heutzutage doch nach dem, was er auf dem Bankkonto hat.«

Sie wiederholte sich. »Quatsch! ... Du bist ein guter Wissenschaftler und, was viel wichtiger ist, ein guter Mensch!«

»Ich muss aber rational bleiben, Mäuschen. Nach den Jahren Unterbrechung komme ich nicht mehr in die Forschung zurück. Meine Kenntnisse zu Forschungsreaktoren russischer Bauart sind nicht mehr gefragt.«

»Dann machst du eben mit deinen Windkraftanlagen und dem Biokrimskrams weiter.«

»Die wollen auch nur Leute, die die Bauern überreden, ihre Flächen zur Verfügung zu stellen. Da kann ich auch gleich einen auf Makler machen.«

»Und dein Studienfreund Hartmut?«

»Ach, Schätzchen«, meinte er, ihr in die Augen blickend, »Hartmut ist alles Mögliche, ein Aufschneider, Blender, Schönredner und Selbstdarsteller, aber niemand, auf dem man seine Zukunft bauen sollte.«

»Der hat doch jetzt eine Firma gegründet, hast du gesagt.«

»Ja, stimmt schon.« Andreas nahm sie in die Arme und streichelte über ihre kurzen blonden Haare. »Er hat eine Firmenhülle einer alten Firma gekauft, die sich auf die Ausrüstung in der Gas- und Ölbranche spezialisiert hatte. Erst wenn das Geschäft läuft, will er sie aktivieren. Aber bei Hartmut muss man aufpassen.«

Zwei Monate später fand sich Andreas in den noblen Geschäftsräumen seines früheren Kommilitonen aus Moskau wieder.

Sie hatten sich vor über dreißig Jahren in Halle am Institut kennengelernt, wo sie ihr Abitur machten und sich auf das Studium in der Sowjetunion vorbereiteten. In Moskau hatten sich ihre Wege nur selten gekreuzt; er hatte den naturwissenschaftlichen Weg eingeschlagen, und Hartmut studierte Philosophie.

Eigentlich konnten die Männer, die sich herzlich mit einer Umarmung begrüßten, unterschiedlicher nicht sein: Andreas mit wilden Haaren, unrasiert, mit einem Lächeln im Gesicht, gekleidet in ein kariertes Hemd, mit Jeans und Sandalen, und Hartmut gut gekämmt, gründlich rasiert, einen vornehmen Blick aufgesetzt, im dunklen Maßanzug mit Krawatte. Der bieder wirkende Geschäftsmann war seinem alten Studienfreund am Eingangsportal entgegengekommen.

Gegenüber der Eingangstür war am Ende des Flures der Tresen mit einer Dame um die dreißig besetzt, die auf alle Fälle nett lächeln konnte. Hinter ihr prangte übergroß das Logo der Firma, das nach Andreas' Empfinden dem tschetschenischen Wappen nachempfunden war.

»Wollen wir uns auf die Terrasse setzen?« war keine Frage, sondern eine freundliche, aber bestimmt vorgetragene Weisung Hartmuts. »Schauen wir uns Dresden von oben an.«

Offenbar hatte die Lomobiotec GmbH die gesamte obere Etage des Trade-Centers mit Dachterrasse angemietet. Die beiden Studienfreunde gingen den Flur entlang, in Richtung des Tresens. Als sie bei der immer noch nett lächelnden Frau angelangt waren, lächelte auch Andreas ihr zu, begrüßte sie und meinte mit Blick auf das Wappen: »Sieht aus wie die Silhouette des Tebulosmta.«

Die Dame lächelte weiter, diesmal ein wenig verlegen, so, als ob Andreas in einer anderen Sprache ihren üppigen Busen gelobt hätte, sie sich aber nicht ganz sicher war, ob er wirklich das gesagt hatte, was sie verstanden hatte.

Als Andreas das Missverständnis erfasste, deutete er auf das Emblem. »Der Berg neben dem Erdöl-Bohrturm, der höchste Berg Tschetscheniens.«

Andreas kannte solche peinlichen Situationen seit seiner Schulzeit. Er hatte schnell erkannt, dass seine sehr liebevollen Eltern ihm die Fragen, die ihn wirklich bewegten, nicht beantworten konnten und den mathematischen, musikalischen und sprachlichen Talenten des Sohnes unsicher gegenüberstanden. Sie brachten den kleinen Andreas zu seinen Übungsstunden in die Musikschule, fanden es in Ordnung, dass er im Orchester spielte, mit dem Geigenunterricht aufhörte und zur Gitarre wechselte, und freuten sich mit ihm, wenn er in Mathematik-Olympiaden die vordersten Plätze belegte. Die Mutter schnitt aus dem Kreisblättchen die Fotos mit dem Abbild ihres Sohnes aus, wenn sie ihn wieder in der Zeitung sah, und klebte sie ins Familienalbum. Woher Andreas all diese Neigungen und Begabungen hatte, konnten sich die Eltern nicht erklären; sie waren normal und der Junge so aus der Art geschlagen.

Die nett dreinblickende Frau nickte nun verständig. »Ja, ja, da war der Chef schon oft«, erklärte sie mit erstaunlich hoher Stimme.

»Das ist Frau Bienus«, stellte Hartmut stolz die Empfangsdame vor.

Nachdem Hartmut in Feldherrenmanier über Dresdens Dächer gewiesen hatte, als ob da sein Heerlager ruhte, plauschten die beiden über alte Zeiten, wer noch Kontakt zu wem hatte, was die alten Knaben jetzt alle so anstellten, und über ihre Frauen.

Von der Terrasse gingen sie in das Chefzimmer. Das war nicht so einfach wie anderswo zu betreten: Hartmut öffnete ein kleines Kästchen, das eine Fläche für einen Fingerabdruck-Scan bot, danach musste die Tür zusätzlich durch einen Schlüssel entriegelt werden. Die große, schwere, einbruchssichere Glastür ließ sich nur unter gehöriger Kraftanstrengung zur Seite rollen. Der Raum erweckte den Eindruck einer Sporthalle, der durch die sparsame Möblierung noch verstärkt wurde. Von der Eingangstür aus gesehen wurde das Zimmer im letzten Drittel von Hartmuts riesigem Schreibtisch und schräg dahinter einem großen, alten gusseisernen Safe dominiert. Hinter Hartmuts Schreibtisch hing ein Bild, auf dem er lebensgroß mit dem russischen Präsidenten Boris Jelzin zu sehen war.

Hartmut freute sich, als Andreas das Bild mit seinem Blick eingefangen hatte, und erklärte: »Da war ich als Mitglied der sächsischen Delegation zur Förderung der wirtschaftlichen Kontakte zwischen dem Freistaat und Russland.«

Zu einer späteren Gelegenheit erfuhr Andreas, dass Hartmut gar kein offizielles Mitglied der Delegation gewesen war, sondern über Vermittlung eines mitreisenden Bekannten als einer der Dolmetscher fungiert hatte. Den Kunden der Firma gegenüber diente das Bild jedoch als Legitimation für die ausgezeichneten Kontakte, die die Geschäftsführung zur russischen Staatsführung unterhielt; jedenfalls in früheren Zeiten. Man kenne zwar auch Putin sehr gut, der sei aber ein wenig scheuer, wenn es darum gehe, sich mit westlichen Unternehmensgrößen ablichten zu lassen.

»Ein Bild mit Präsident Putin würde aber überzeugender wirken.«

Sein alter Kommilitone lächelte. »Auch daran arbeiten wir.«

Ein ähnliches Bild gab es von Hartmut Walter zusammen mit dem früheren tschetschenischen Präsidenten Dudajew, das jedoch im Postkartenformat in Hartmuts Schreibtisch lag. Beide Bilder zusammen an die Wand zu hängen, empfand selbst der sich gerne mit seinen Kontakten zu höchsten Persönlichkeiten rühmende Geschäftsführer unpassend, nachdem Jelzin und Dudajew als die Hauptverantwortlichen der jeweiligen Kriegsparteien des ersten Tschetschenienkrieges ausgemacht worden waren.

Über Dudajews Vermittlung, dem neben seinem Mut, bis hin zur Tollkühnheit, auch eine Begabung für den Schwarzhandel und dubiose Geldgeschäfte nachgesagt wurden, erlangte Hartmut eine Bürgschaft der tschetschenischen Staatsbank für seine Firma über einen Höchstbetrag von 400 Millionen US-Dollar.

Der Verteidiger von Hartmut Walter berief sich im späteren Strafverfahren gegen die drei Haupttäter auf dieses Dokument, welches sich in den Strafakten befand. Ein Gutachter, der herbeigezogen wurde, konnte mithilfe weiterer Sachverständiger bestätigen, dass es sich um eine echte Urkunde mit den während Dudajews Amtszeit verwendeten Stempeln und den Originalunterschriften der vertretungsberechtigten Personen handelte. Der Wert der Urkunde wurde gleichwohl bezweifelt, da der benannte Bürgschaftsbetrag für die Bank des vom Krieg gebeutelten Landes überhaupt nicht aufzubringen gewesen wäre. Jetzt, da wieder die russischen Machthaber das Sagen in Tschetschenien hätten, wäre diese Urkunde, die zu Zeiten der proklamierten Unabhängigkeit ausgestellt worden war, ohnehin völlig wertlos.

Jetzt jedoch, bei dem Gespräch in Hartmuts Büro, eröffnete der Hauptgeschäftsführer seinem alten Studienfreund, dass dieser sich zu spät entschieden habe, in die Firma einzusteigen. Karsten Friedrich sei frühzeitig zur Stelle gewesen und Mitgesellschafter und zweiter Geschäftsführer geworden.

»Wir würden uns über deine Hilfe allerdings sehr freuen. Das ist aber derzeit nur in einem Anstellungsverhältnis möglich.« Hartmut schaute Andreas fragend an.

»Warum nicht?«

Hartmut strahlte. »Genau! Warum nicht? ... Über eine Beteiligung an der Firma können wir vielleicht später noch einmal sprechen. Wird sicher darauf ankommen, wie du dich hier einbringst. Deine Kontakte in die Energiewirtschaft, deine Verbindungen nach Russland und deine Sprachkenntnisse können von hohem Wert für unser Unternehmen sein.«

»Worum genau geht es denn?«

»Vorerst müssen wir Geld sammeln, um in Tschetschenien groß in das Erdölgeschäft einsteigen zu können.«

Andreas wurde skeptisch. »So Schneeballsystem oder so was?«

»Ach i wo. Alles ganz seriös. Bei unseren Kunden handelt es sich um Geschäftsleute aus ganz Deutschland, die ihr Erspartes bei uns anlegen möchten.« Hartmut sah ihn an und zwinkerte mit dem rechten Auge. »Du verstehst, was ich meine?«

»Die legen ihr Schwarzgeld bei euch an?«, platzte es aus Andreas heraus.

»Das will ich mal nicht hoffen«, sagte Hartmut so dahin. »Aber ausschließen können wir das natürlich nicht.«

»Und ihr investiert das in Tschetschenien?«

»Vorerst nicht.« Hartmut ging zu dem alten Tresor, der neben seinem Schreibtisch stand, und holte einen altmodischen Schlüssel aus der Hosentasche. »Da stehen noch einige bürokratische Hürden im Weg.«

Andreas hatte den Eindruck, dass mit dem letzten Satz gewichtige Probleme heruntergespielt werden sollten, und wiederholte: »Einige bürokratische Hürden?«

»Die Zahl der Unternehmen mit deutscher Kapitalbeteiligung ist in Russland seit einigen Jahren rückläufig. Die Zahl der Repräsentanzen und Filialen der deutschen Unternehmen ist hingegen leicht gestiegen. Da gibt es im Augenblick aber Änderungen im Akkreditierungsverfahren, das von der staatlichen Registrierungskammer auf die Steuerbehörden verlagert worden ist. Es gibt dadurch unvorhergesehene Verfahrensschwierigkeiten.« Er schloss den Safe auf und beendete seine Erklärung mit einem Satz nach seiner Manier. »Nichts, was wir nicht in den Griff bekommen könnten.«

Als die Tür des Safes offen stand, gingen Andreas die Augen über. Es lag stapelweise Geld darin.

»Deshalb sammeln wir erst einmal.«

»Hui«, gab Andreas ehrlich erstaunt beim Anblick der Geldbündel von sich, »klein-klein ist nicht euer Ding.«

»Klein-klein ist hier gar nichts!«

»Und wenn einer sein Geld zurückhaben möchte?«

»Kann er gerne«, erklärte Hartmut großspurig. »Aber dann bekommt er keine 10 Prozent Zinsen.«

»Wo gibt es die denn heute? Die Leute bekommen doch mit, dass da etwas faul sein muss.«

»Die Gier der Menschen, mein lieber Andreas, ist unersättlich. Und wir sind abgesichert. Für alle Forderungen gegen unser Unternehmen haben unsere Geldgeber ausreichend Sicherheit. Hier«, er zog ein mehrseitiges Dokument in russischer Sprache aus dem Panzerschrank und legte Andreas eine Bürgschaft der tschetschenischen Staatsbank vor, »ist alles gesichert. Keiner wird um sein Geld gebracht.«

Andreas schaute sich das Papier gründlich an. »Aus der Amtszeit Dudajews. Das werden die Russen aber nicht akzeptieren.«

»Wer sagt das? Die hat doch bisher noch keiner gefragt. Also ich als Bürgschaftsnehmer gehe davon aus, dass es eine unbefristet ausgestellte Bürgschaft ohne festes Ablaufdatum ist.« Hartmut grinste breit. »Bisher hat mir der Bürgschaftsgeber nicht erklärt, dass er nicht mehr bereit ist, die Sicherheit zu leisten.«

»Du hast aber auch nicht gefragt, oder?«

»Dazu gab es auch keine Veranlassung.«

»Und ihr meint wirklich, dass ihr da ernsthaft mitspielen könnt?«, erkundigte sich Andreas zweifelnd. »Das ist aber ein riskantes Spiel.«

Hartmut hatte gerade erklärt, wie er und Karsten versuchten, über die neue tschetschenische Regierung an Rechte zur Rohölförderung oder zumindest zum Handel mit Öl zu kommen.

»Da sind doch sicher schon die großen russischen Staatskonzerne oder Privatunternehmen dran.«

»Völlig richtig«, bestätigte Hartmut kopfnickend, »Rosneft und Transneft von den staatlichen und Sibneft von den privaten Unternehmen sind im Spiel. Rosneft hält zurzeit die Mehrheit an der tschetschenischen Ölgesellschaft Grosneftegas.«

»Da hat doch Tschetschenien dann nicht mehr die Hand drauf!«

»Ich wusste doch, dass wir mit dir den richtigen Mann zur Verstärkung unseres Teams haben«, erklärte der Geschäftsführer lobend. »Genauso sieht es aus. Nur Kadyrow junior ist damit nicht mehr einverstanden und fordert die Übertragung der Mehrheitsrechte.«

»Und die Spannungen zwischen Grosny und Moskau wollt ihr ausnutzen und eure eigenen Geschäfte machen?«

»Das ist überhaupt nicht so abwegig, wie es sich anhört. Als Förderstaat ist Tschetschenien für Russland doch nur von untergeordneter Bedeutung. Für den Transport des Öls vom Kaspischen und Schwarzen Meer ist das Land für Moskau strategisch viel wichtiger.«

Andreas nickte. »Das wird wohl so sein. Aber dennoch verzichtet kein russischer Staatskonzern auf die Einnahmen …«

Der Geschäftsführer fiel ihm ins Wort. »Zweistellige Millionengewinne sind für die überhaupt nichts. Aber wenn wir es schaffen, von den Tausenden Kleinstraffinerien, die es vor dem Krieg gegeben hat, wieder einige zu beleben, dann ...«

»Und wie wollt ihr den Transport organisieren?«

»Das ist im Anfangsstadium alles überschaubar. Die Rebellen haben das in den Tschetschenienkriegen auch so gemacht: einfach einen Tanklastzug mit Rohöl gefüllt und dann ab in einen der Nachbarstaaten. So haben die damals unter anderem ihre Waffenkäufe finanziert.«

Hartmuts Elan wollte Andreas ein wenig Realismus beimischen. »Bis die Russen dahinterkamen und die Tausenden kleinen Fördereinrichtungen bombardiert haben. Übrigens eine Umweltkatastrophe sondergleichen.«

»Mag sein. In der Geschäftswelt musst du aber Visionen haben. Wenn du nur das machst, was alle machen, dann kann das Geschäft kein großartiges werden. Du musst breitflächig denken.« Hartmut breitete die Arme weit auseinander.

Andreas erkannte den Hartmut von damals und wollte ihn gerne etwas bremsen. »Wir müssen dann wohl aufpassen, dass die uns nicht auch bombardieren.«

»Gute Beziehungen zu den Russen und den Tschetschenen sind die Grundvoraussetzung für das Vorhaben. Damit haben wir einen Marktvorteil gegenüber allen Mitbewerbern. Wir sind jedermanns Freund.«

»Jedenfalls wollt ihr die Leute nicht von vornherein bescheißen«, resümierte Andreas. »Und habt wirklich Pläne. Habt ihr nicht noch einen Forschungsreaktor im Angebot? Damit kenne ich mich wirklich aus.«

»Wenn das hier läuft, mein Guter, dann bekommst du dein eigenes Kernkraftwerk«, meinte Hartmut großspurig.

Er hatte sich wirklich kaum verändert. Mit seiner Art konnte er aber auch Menschen überzeugen und mitreißen.

Andreas Reimann verließ eine halbe Stunde später die Unternehmensräume mit einem unterzeichneten Vertrag, demzufolge er Leiter der wissenschaftlich-technischen Abteilung geworden war, und mit einem Umschlag in der Hand, in dem sich sein erster Monatslohn in Höhe von 9000 Euro befand.

Gepanzerte Limousinen

»Herr Bauthe, da sind zwei, die wollen zwei BMW L7 kaufen. Wenn es geht, die gepanzerte Variante mit Sicherheitsglas, Notradlauffunktion und hermetischer Abriegelung bei Gasangriff.«

Mit seinem aufgedunsenen Bauch lag der Geschäftsführer des Autohauses förmlich in seinem Sessel und hatte die Füße auf die Glasplatte seines Schreibtisches gelegt. Das Erscheinen des Verkäufers gab ihm weder Anlass, die Füße vom Tisch zu nehmen, noch seine Haltung erkennbar zu verändern. »Rausschmeißen!«, entschied der Geschäftsführer des Autohauses kurzerhand und blickte erst danach auf.

Der Autoverkäufer wiegte seinen Kopf. »In Ordnung, Chef!«

Der Geschäftsführer hatte es nicht so weit gebracht, weil er stur und unabänderlich bei seiner Meinung blieb. Der richtige Riecher hatte ihm immer eine Länge vor der Konkurrenz beschert. »Warum zögern Sie?«

»Nein, nein, Chef, ich werde die Herren herauskomplimentieren.«

»Sie haben aber kurz überlegt, ob das richtig ist. Warum?«

»Na ja, die haben einen Koffer dabei. Und wenn mich meine Nase nicht täuscht, ist da Geld drin. So wie bei den Russen, die hier früher einfach so die Nobelkarossen abgeholt und in bar bezahlt haben, als ob sie Brötchen kauften.«

Der Geschäftsführer meinte in den Herren, die da am Tisch seines Verkäufers saßen, sofort die weltgewandten, selbstsicheren Geschäftsleute zu erkennen. Die beiden gut gekleideten Männer saßen entspannt nach hinten gelehnt, die Arme auf den Lehnen ruhend und sich leise unterhaltend.

Als Bauthe herantrat und sich vorstellte, erhoben sich beide höflich von ihren Stühlen und stellten Hartmut Walter als Geschäftsführer und Andreas Reimann als wissenschaftlich-technischen Leiter der Lomobiotec GmbH vor.

»Ah«, tat Bauthe, als ob er verstünde, »Sie machen in Biotechnologie.« Er setzte sich auf den Platz des Verkäufers, der schnell zum Schreibtisch seines Kollegen hinübereilte und sich von dort einen Stuhl holte, um neben seinem Chef Platz zu nehmen.

»Nur am Rande«, klärte Walter auf. »Wir sind in der Rohölförderung und im Rohölhandel tätig.«

»Ich dachte nur«, wollte der Chef des Autohauses sich erklären, »wegen des Namens.«

»Der zielt mehr auf Lomonossows Theorie über den Ursprung des Rohöls ab«, klärte Andreas als der Naturwissenschaftler unter ihnen auf. Er erachtete die Wahl des Unternehmensnamens als durchaus gelungen. »Mit heutigem Verständnis vertrat er die Auffassung vom Ursprung des Öls durch riesige Mengen Biomasse.«

Der Geschäftsführer meinte, sich an seine früheren Schulstunden zu erinnern, als er sagte: »Prähistorische Regenwälder.«

»Auch«, bestätigte Andreas, »aber von der Menge her dürften Algen und Kleinlebewesen der Meere das Gros ausmachen.«

»Ach so?«, staunte Bauthe und nahm sich vor, die Angaben unbedingt zu googeln.

»Unser technischer Leiter hat an der Lomonossow-Universität Kernphysik studiert, da wurde auf Tradition und die Vermittlung der Lebensleistung des Universalgelehrten Wert gelegt.«

»Und jetzt wollen die beiden Herren ganz besondere Fahrzeuge erwerben?«, erkundigte sich der Chef des Autohauses.

»Nein, nein«, berichtigte Walter »Die Fahrzeuge werden für die Firma benötigt. Die Nutzung wird überwiegend bei den beiden Geschäftsführern liegen.«

»Die konkreten Fahrer und Nutzer sind für die Finanzierung und Versicherung der Fahrzeuge von Interesse.«

»Wir haben nicht vor, die Fahrzeuge zu finanzieren. Das Geschäft sollte nach unserer Vorstellung durch Barkauf abgewickelt werden.«

»Das ist selbstverständlich möglich.« In Bauthe keimte nun die Hoffnung auf ein gutes Geschäft auf. Wenn das hier klappen sollte, dann musste nicht die Mercedes-Bank an dem Geschäft verdienen; das könnte er auch selbst. Der Autoverkäufer begann, nervös auf seinem Stuhl hin und her zu rutschen, als er an seine Provision dachte.

»Bei der instabilen Lage in einigen Förderregionen der Welt, in denen auch wir unsere Geschäfte betreiben, würde uns ein Finanzierer oder spätestens der Versicherer Auflagen machen, die aus wirtschaftlicher Sicht für uns kaum akzeptabel wären«, erklärte Walter »Die Bereitstellung sicherer Fahrzeuge ist in diesen Regionen auch keine Selbstverständlichkeit. Da können Sie zahlen, was Sie wollen.«

Der Chef und sein Verkäufer nickten.

Das Handy des vermeintlichen Ölmagnaten klingelte. Er holte es aus der Jackentasche und blickte auf das Display. »Oh«, tat er erstaunt, »Sie müssen entschuldigen. Ich hoffe, es wirkt nicht allzu unhöflich, aber das ist ein wichtiges Gespräch.«

Walter meldete sich, wie zuvor abgestimmt, bei seinem Mitgeschäftsführer Karsten Friedrich in russischer Sprache. Er stand auf, schob den Aktenkoffer hinüber zum technischen Leiter des Unternehmens und ging mit dem Smartphone am Ohr hinaus.

Der Chef des Autohauses hatte noch eine vage Erinnerung an den Russischunterricht in der Schule. Er verstand nur die Begrüßung und vereinzelte Vokabeln, der von Walter beabsichtigten Wirkung tat das keinen Abbruch, im Gegenteil.

»Ich könnte derweil vielleicht schon einige technische Parameter mit Ihnen durchsprechen, die den Vorstellungen der Geschäftsführung gerecht werden«, sagte Andreas.

»Wenn es so konkret wird«, forderte der Autohauschef, »müssten wir über eine Anzahlung sprechen.«

»Dafür ist der Geschäftsführer zuständig«, wehrte Andreas ab und schaute lächelnd auf den auf dem Boden stehenden Koffer. »Ich gebe nur für einen Moment Obacht auf den Kassenbestand.«

»Ja, selbstverständlich.« Der Chef wandte sich an seinen Verkäufer. »Wie geht das hier mit dem Aufrufen der einzelnen Modelle am Computer?«

»Wenn Sie mich kurz machen ließen«, erwiderte der Angestellte eilfertig.

»Nein, nein«, machte der Chef klar, dass er nicht nur die Mercedes-Bank, sondern auch seinen Angestellten bei diesem Geschäft außen vor lassen wollte, »ich brauche nur Ihr Passwort und ein, zwei Handreichungen.

Alles andere gebe ich dann schon ein.« Mit Blick auf Andreas erklärte er: »Besondere Kunden bekommen hier natürlich die Chefarztbehandlung.«

Der Autoverkäufer blickte finster drein; er sah gerade seine Provision für dieses Geschäft schwinden. Eigentlich hatte er doch die Kunden an Land gezogen. Jetzt wollte der Dicke ihn auch noch um seine Provision prellen.

Walter kehrte gut gelaunt zurück und meinte mit Blick auf Reimann zufrieden: »Hat geklappt, wir können ruhig noch ein paar Extras mehr bestellen.«

Nun mischte sich der Chef des Autohauses ein. »Ich hatte ja gerade darauf hingewiesen, dass wir bei einem Geschäft in dieser Größenordnung, das als Bargeschäft über den Tisch gehen soll, einen Vorschuss fordern müssen.«

»Ja, ja, davon sind wir ausgegangen«, meinte Walter und griff nach dem Aktenkoffer.

»Nein, nein«, bremste der Autohauschef den Elan seines Kunden. »Nicht hier! Dazu gehen wir hinter in die Buchhaltung.«

In den Räumen der Buchhaltung angelangt, erkundigte sich Walter, welche Summe sich Herr Bauthe als Anzahlung denn vorstelle.

»Na ja«, druckste der herum. »Eigentlich nehmen wir schon so 10 Prozent. Solche Fahrzeuge, wie Sie sie bestellen wollen, werden nur ein paar Dutzend im Jahr produziert. Da es nicht finanziert wird, bleibt das Risiko, wenn Sie das Fahrzeug nicht abnehmen, voll in unserem Haus.«

Walter blickte den Autohändler an. »Aber auch der Gewinn, möchte ich hoffen.«

»Ja, das ist dann so.«

»Über welche Summe sprechen wir denn?«

»Der 7er High Security, na, mit seinem V8-Motor so um die 400 000 Euro und mit dem V12er mit über 500 PS ...«

Walter unterbrach den Chef des Autohauses. »Die technischen Details können Sie mit unserem technischen Leiter besprechen.«

Reimann nickte. »Wir stellen uns schon den 760Li mit 6,0-Liter-V12 vor. Wäre schön, wenn das aktuelle Modell schon dem Schutzlevel VR7 für gepanzerte Fahrzeuge entsprechen würde, einschließlich der Fensterpartien.«

»Da muss ich passen. Das müssten wir am Computer prüfen. Den 760Li gibt's so für, na ja, 450 000 Euro.«

»Für beide Fahrzeuge wären wir dann bei einer Anzahlung von 90 000 Euro«, fasste Walter zusammen, öffnete den Aktenkoffer und entnahm diesem neun Geldbündel.

»Frau Grünspecht«, rief Bauthe ins Nebenzimmer, »kommen Sie mal rüber, um nachzuzählen.«

Kommentarlos beäugte Frau Grünspecht das Geld und begann mit ihren flinken Fingern zu zählen.

Noch bevor die Fahrzeuge ausgeliefert wurden, hatte Bauthe so viel Zutrauen zu seinen neuen Kunden gefasst, dass nun er selbst sich mit einem Geldköfferchen in den Geschäftsräumen der Firma Lomobiotec GmbH einfand. Von dem Geld wusste bisher niemand. Er hatte es im Schließfach seiner Bank deponiert. Er wollte einen Betrag von 100 000 Euro anlegen und, wenn es klappte, noch einmal den gleichen Betrag hinterherschießen. Bauthe hatte sich schon seit einiger Zeit geärgert, dass er mit dem Geld nichts mehr anfangen konnte: In der Schweiz war das Bankgeheimnis nicht mehr das, was es mal war, so dass er das Geld auch nicht weiter arbeiten lassen konnte, der 500-Euro-Schein sollte abgeschafft und Obergrenzen für Barzahlungen eingeführt werden. Aber das hier, das konnte wirklich was werden.

Er ging vom Portal durch den langen Flur, hin zu der schönen Dame am Tresen.

»Ich habe einen Termin mit dem Hauptgeschäftsführer, Frau ...«

Das Schildchen über ihrer rechten Brust gab Bauthe die Möglichkeit, der Empfangsdame ungeniert auf den Busen zu starren.

»Bienus«, ergänzte die Frau hinter dem Tresen mit ihrer Piepsstimme. »Ich weiß. Der Chef ist aber noch in einer wichtigen Telefonkonferenz ... Darf ich Ihnen so lange einen Kaffee anbieten?«

»Gerne! Mit Milch bitte!«

»Gleich einen Milchkaffee?«

»Ein einfacher Kaffee mit Milch ist völlig ausreichend.«

Bauthe blickte anerkennend der Empfangsdame hinterher, die in der Teeküche verschwand. Er hatte ja auch ein paar hübsche Mäuse eingestellt, aber die hier? Hier war alles eine Klasse besser.

»Stellen Sie den Kaffee ruhig auf den Tresen«, meinte der dicke Autohändler, als die Hübsche mit der Tasse erschien. »Da können wir noch ein wenig plauschen.«

»Sie sind mir ja einer!«

Bauthe reckte sich ein wenig und versuchte, seinen Bauch einzuziehen. »Und ob! Bei dieser Gelegenheit: Kann ich Sie ...«

Walter erschien und strahlte. »Schön, Sie zu sehen, Herr Bauthe.« Er ging zum Tresen, ergriff die Hand seines Gegenübers und schüttelte sie. »Sie müssen verzeihen. Es gab noch dringende Sachen zu klären.«

Als Bauthe sich beim Betreten des Zimmers des Geschäftsführers das Türschloss ansah, meinte er: »Das sieht ja aus wie in Fort Knox!«

Im Zimmer starrte Bauthe auf das lebensgroße Bild seines Gegenübers zusammen mit Jelzin.

»Sie kannten den ehemaligen russischen Präsidenten persönlich?«

»Klar doch«, meinte Walter zunächst beiläufig und holte dann doch ein wenig aus. »Auch den jetzigen Präsidenten. Aber da gibt es noch kein Foto von den gemeinsamen Treffen. Die Treffen mit Boris Nikolajewitsch waren immer etwas Besonderes.«

Bauthe nickte, als wäre er dabeigewesen.

»Ein Kostverächter war er ja auch nicht.«

»Konnte schon eine Menge vertragen.«

»Na ja, sein Alkoholkonsum war ja ein gefundenes Fressen für die hiesigen Medien.«

»Und ob!«

»Dabei wurden die kulturellen Hintergründe und die Ursachen des Alkoholkonsums in Russland immer ausgeblendet. Natürlich haben wir zusammen das eine oder andere Gläschen geleert. Ich fand ihn immer herzlich und menschlich. Und das als erstes demokratisch gewähltes Staatsoberhaupt in der Geschichte Russlands überhaupt.«

Bauthe blies die Wangen auf. »Da sind Sie ja eine richtige Berühmtheit.«

»In Russland schon. Hier wollen wir wegen der heiklen politischen, militärischen und Menschenrechtssituation in Tschetschenien nicht so viel Aufhebens darum machen. Das wäre nur schädlich fürs Geschäft.«

Dann holte Walter noch das Foto aus dem Schreibtisch, auf dem er zusammen mit dem tschetschenischen Expräsidenten Dudajew zu sehen war.

»Mit dem war ich zusammen in der Sauna. Da führt man in Russland immer noch die wichtigsten Geschäftsgespräche.«

»Das hab ich mal in so einer Sendung auf Arte gesehen«, wusste Bauthe zu berichten. »Da ging es auch darum, dass die superreichen Russen nicht mehr Wodka, sondern jetzt Cognac in der Sauna trinken. Wäre hier ja undenkbar.«

»Genau«, pflichtete Walter bei.

»Die hätten alle Angst, dass sie gleich umkippen«, bestätigte sein Gesprächspartner die Ansicht.

»In Russland trauen sie den Abstinenzlern nicht. Da steht immer die Vermutung dahinter, dass der Nüchterne Angst hat, sich zu verquatschen, und deshalb nichts trinkt. Wer nichts trinkt, der hat etwas zu verbergen; mit dem lässt man sich besser nicht ein.«

»Ist vielleicht auch was dran«, überlegte Bauthe laut.

Walter griff in eine Schreibtischschublade und holte eine Flasche heraus, die sehr edel aussah.

»Trinken wir auf unsere Geschäftsbeziehung einen armenischen Cognac!«

»Also da kenn ich mich wirklich aus«, meinte Bauthe. »Armenischen Cognac gibt es nicht. Der wird meist Brandy genannt, weil der Name Cognac weltweit für die Franzosen geschützt ist, und der bekannteste ist Ararat.«

»Das denken Sie!« Hartmut präsentierte die Flasche, auf der in goldenen Buchstaben »Armenian Mane Cognac« stand.

Bauthe legte seine Stirn in Falten. »Den gibt es als achtjährigen Weinbrand, aber mit einer anderen Aufschrift.«

»Das hier ist nichts für die Öffentlichkeit. Zwanzig Jahre alt. Nur für wirklich gute Freunde, die nicht gleich mit der Flasche in der Hand zu den Franzosen laufen.«

Der Autohändler nickte.

»Besiegeln wir unser Geschäft«, schlug Walter vor und riss die Versiegelung ab.

Sie genehmigten sich ein Gläschen, dann zählte Walter das ihm übergebene Geld und verstaute die Bündel in seinem Schreibtisch.

»Bekomme ich eine Quittung dafür?«, wollte der Autohändler wissen.

»Aber selbstverständlich!«, tönte der Geschäftsführer der Lomobiotec GmbH. »Das wird alles ordentlich in unseren Büchern notiert und ist jederzeit nachvollziehbar.«

Ganz so korrekt wollte es Bauthe dann doch nicht haben. »Wie, dann steht der Betrag für alle sichtbar in allen möglichen Dokumenten?«

Walter grinste. »Das muss ja alles seine Ordnung haben. Wenn Sie wollen, können wir gegenüber der russischen Steuerbehörde Ihre Unternehmensbeteiligung gesondert ausweisen.«

»Nein, nein, nicht nötig. Ich wollte ja nur für mich einen Nachweis haben, so eine Art Quittung, damit ich etwas in der Hand habe.«

»Das ist natürlich auch möglich. Dann bleiben die Geschäftsanteile bei der Firma, und Sie werden eine Art stiller Gesellschafter. Wir würden intern einen Treuhandvertrag schließen, so dass Sie eine Sicherheit haben, aber nur wir nach außen für alle Behörden und Ämter in Erscheinung treten. Den Treuhandvertrag hinterlegen wir so, dass er auch im Falle behördlicher Ermittlungen weder in Ihren privaten und geschäftlichen Räumen noch in den unsrigen aufgefunden wird.«

Bauthe atmete durch. Eine derartige Lösung hatte er sich vorgestellt. Sein Gegenüber wusste offensichtlich, was es tat.

Der Anfang vom Ende

Die Tür zu Andreas' Zimmer flog ohne ein Klopfen auf. Er schreckte hoch. »Kannst du nicht klopfen?«

»Es ist wichtig«, meinte Walter »Du hast doch einen Bekannten in der Filmbranche?«

Andreas fiel erst einmal Kathleen ein, die für einen privaten Sender in Köln als Cutterin arbeitete. Sie war kaum zu erreichen, wenn er sie einmal anrufen wollte, da sie Tag und Nacht für die Firma arbeitete, wenn ein Projekt lief. Er beantwortete die Frage mit einer Gegenfrage: »Du meinst Kathi, die Cutterin?«

»Nein! Da gab es doch einen Produzenten, der eine eigene Firma hatte.«

»Du meinst Volkers Jungen. Ja, aber der macht in so künstlerisch wertvollen Kurzfilmen.«

»Und Werbung?«

»Keine Ahnung. Weshalb?«

»Wir brauchen langsam wieder etwas Geld.«

Andreas stutzte. »Was, schon wieder alles weg?«

»Nein. Wir haben noch Reserven. Aber wir müssen ja planen. Die Reisekosten und das, was wir in Russland ausgeben, um mit den Behörden zurechtzukommen, verschlingen eine Menge.«

»Und da wollt ihr jetzt groß in die Kinowerbung einsteigen?« Andreas lächelte.

»Das nicht. Aber unsere Internetpräsenz aufpeppen und einen Clip im Foyer laufen lassen, das macht doch einiges her.«

Eine Woche später saßen Hartmut Walter und Karsten Friedrich mit einem der Geschäftsführer der Firma PRTeam VideoVision zusammen, der einen ungepflegten Eindruck hinterließ: fettige Haare, alte Klamotten, ein paar Härchen, die aus den Nasenlöchern wucherten … Aber die Referenzprojekte auf der Internetseite der Firma, die waren sehr ansprechend.

Der Filmemacher erkundigte sich. »Wenn die Förderstätten zerstört wurden, was sollen wir dann filmen?«

Reimann trat ein, und Walter stellte ihn vor. »Der Leiter unserer technischen Abteilung.«

»Ach so, ja, ja«, meinte der Filmemacher, der sowieso jeden Namen außer denen der Geschäftsführer vergaß. Er war es gewohnt, mit den wirklich wichtigen Leuten zu verhandeln.

Walter zeigte auf die Frage des Filmemachers hin einen Ausweg nach seinen Vorstellungen auf: »Dann filmen Sie eben in den USA. Da gibt es doch großartige Bilder von den Pumpen auf den Ölfeldern.«

»Ja klar«, nahm der Geschäftsführer die Idee sogleich auf. »Da können wir grandiose Bilder aufnehmen. Diese Pumpen, die wie Hämmer aussehen …«

Andreas unterbrach: »Gestängetiefpumpen, die wegen ihres Aussehens auch Pferdekopfpumpen oder Nickesel genannt werden.«

»Wie auch immer«, konterte der Filmemacher, um zu signalisieren, dass ihn zu viele technische Details überhaupt nicht interessierten. »Diese Pumpen und dann der Sonnenuntergang. Dazu ein ölverschmierter muskulöser Kerl mit Helm in Boxershorts. Seine großbusige, braun gebrannte Freundin auf der Motorhaube eines alten pinkfarbenen Cadillacs, so wie der, den Elvis seiner Mutter geschenkt hatte …« Und wieder sprangen seine Gedanken. »Die gab's doch im Film ›Arizona Dream‹, und so ein Autofriedhof wie in dem Film. Wenn's den wirklich gibt, dann müssen wir dort auch drehen. Und der Kerl, der braucht dann so 'n Spruch auf den Lippen wie: ›Wir sorgen dafür, dass Ihre Autos auch morgen noch rollen.‹« Der Filmemacher war ganz in seinem Element.

»Ich sehe«, erklärte Hartmut, »wir verstehen uns.«

Nachdem Andreas, wichtige Termine vorschiebend, den Raum verlassen hatte, spannen die beiden noch viele weitere Ideen und schauten sich Videos von Anbietern an, die sie zukaufen könnten. Solche Videos, die es zu allen möglichen Themen gab, waren auch nicht umsonst, aber so konnte man die Produktionskosten wenigstens ein wenig drosseln.

»Ein paar Frauen mehr als die Freundin unseres Öl-arbeiters müssen auch mit rein«, forderte der Filmemacher.

Hartmut pflichtete ihm bei: »Frauen kommen immer gut! Aber wird das dann nicht zu teuer?«

»Kommt drauf an, in welchem Land wir diese Einstellungen drehen. Das können wir auch gut in Rumänien machen. Die sollen sich freuen, wenn sie durchs Casting kommen. Mädels gibt's dort für 'n Appel und 'n Ei und natürlich ...« Der Filmemacher grinste vielsagend, »die sollen sich freuen, wenn sie aus ihren Dörfern rauskommen und unseren Dreh als Referenz für ihre Karriere nutzen können.«

Letztlich einigten sie sich auf einen Festpreis von 90 000 Euro für drei Werbefilme zu je einer Minute und dreißig Sekunden. Die Filmemacher legten mit ihrer Arbeit gleich los, sahen aber kein Geld.

Diese Filmleute waren es und der Fahrzeughändler, die die Anzeigen erstatteten, als das vereinbarte Geld nicht gezahlt wurde. Die sogenannten Anleger hielten sich damit zurück. Schon im Ermittlungsverfahren zeigten sie wenig Kooperationsbereitschaft.

Der Autohändler Bauthe lieferte die Fahrzeuge, die in seinen Hallen standen, selbstverständlich nicht aus. Er blieb auf dem Großteil des Schadens sitzen, weil die Wagen an andere Kunden so nicht zu verkaufen waren und der Hersteller die Fahrzeuge nur zu einem weitaus geringeren Preis wieder zurücknahm.

Nachdem die Geldquellen allmählich versiegten, mehr und mehr Kunden ihr Geld zurückverlangten, nach den ersten Strafanzeigen die Geschäftsräume der Firma sowie die Grundstücke der Geschäftsführer und des Angestellten Andreas Reimann durchsucht und die Firmenunterlagen beschlagnahmt worden waren, fand die Unternehmung ihr Ende.

Gegen die Empfangsdame der Firma wurde kein Ermittlungsverfahren eingeleitet; sie konnte den Ermittlern glaubwürdig bekunden, dass sie von den Machenschaften ihrer Chefs nichts gewusst und schon gar nichts verstanden habe. Sie äußerte die Ansicht, dass die Firma in Tschetschenien nach Erdöl bohre.

Im Strafverfahren erschienen viele der über vierzig Geschädigten nicht und nahmen lieber in Kauf, dass sie vorgeführt würden oder ein Ordnungsgeld gegen sie festgesetzt würde, als sich unangenehmen Fragen auszusetzen. Die Verteidiger erkundigten sich bei den wenigen Zeugen danach, woher das bei der Lomobiotec angelegte Geld stamme, woraufhin der Vorsitzende die Zeugen fast jedes Mal zu ihrem Zeugnisverweigerungsrecht belehren musste, da sie Gefahr liefen, sich durch ihre Angaben zur Herkunft des Geldes selbst einer Strafverfolgung auszusetzen.

Eine Ausnahme war ein älterer Herr aus Bochum, der, einem Insidertipp eines Bekannten folgend, den Großteil seines Lottogewinns bei den Betrügern angelegt hatte. Diesem Herrn wurde erst bei der Verhandlung deutlich, dass er von dem gewonnenen Geld nichts mehr wiedersehen würde, und er beschimpfte den Verteidiger des Hartmut Walter auf dessen Bemerkung »Wie gewonnen, so zerronnen!« hin, dass man sich als Opfer in der Verhandlung nun auch noch verhöhnen lassen müsse.

Auf die Frage des Vorsitzenden, wie man an die Personen gelangt sei, die das Geld anlegen wollten, erklärte Walter, dass man keine Werbung zu machen brauchte.

Die Leute seien aus der ganzen Republik gekommen und hätten ihnen das Geld förmlich aufgedrängt.

Andreas Reimann berichtete an einem der weiteren Prozesstage, wie er Zeuge geworden sei, als ein Kunde sein Geld zu einem frühen Zeitpunkt zurückhaben wollte. Es hatte sich um einen höheren sechsstelligen Betrag gehandelt. Walter hatte erklärt, dass er den Entschluss des Kunden bedaure, nicht mehr mit dem Unternehmen zusammenarbeiten zu wollen.

»Ja, ich möchte mein Geld zurück.«

Mit einem »Gut, gut« auf den Lippen öffnete Walter den Tresor und entnahm mehrere Geldbündel. Er stapelte das Geld vor dem Kunden auf und legte den gesamten Jahreszins von 10 Prozent obendrauf, obwohl das Jahr der Anlagezeit noch nicht um war. Dazu hatte er erklärt: »Das ist natürlich nicht Ihr Geld. Ihr Geld arbeitet in Tschetschenien und wird vermehrt. Sie können selbstverständlich diesen Betrag hier, der der Höhe Ihres bei uns angelegten Geldes entspricht, sofort mitnehmen. Unsere Geschäftsbeziehungen finden so ihr Ende.« Er stand auf und erklärte: »Ich hole nur noch schnell ein Formblatt, damit Sie mir die Rück- und die Zinszahlung kurz bestätigen können.«

Der Kunde stutzte angesichts der prompten Zahlung und bat darum, ihm sein Zweifeln zu verzeihen und sein Geld doch wieder zurückgeben zu dürfen.

»Ausgezahlt ist ausgezahlt«, erwiderte der Geschäftsführer. »Damit sind Sie erst einmal raus. Ob wir Sie wieder als Kunden gewinnen möchten, darüber muss die Gesellschaft entscheiden.«

Im versöhnlichen Ton schlug der Kunde vor: »Braucht doch keiner zu erfahren. Ich habe den Empfang auch noch nicht quittiert.«

»Na ja, aber ein Stück Vertrauen ist schon weg«, erklärte Walter und machte keine Anstalten, das Geld wieder an sich zu nehmen. Erst nach weiterem Drängen des Kunden ließ sich der Geschäftsführer dazu herab, das Geld des Kunden wieder zu vereinnahmen.

Wegen des hohen Schadens erhielten Hartmut Walter und Karsten Friedrich langjährige Haftstrafen; der Tatbeitrag des Andreas Reimann wurde von der Strafkammer des Landgerichts Dresden so gewertet, dass die Vollstreckung seiner Haftstrafe zur Bewährung ausgesetzt werden konnte. Das Gericht sah es als erwiesen an, dass die drei Täter in betrügerischer Absicht vorgetäuscht hatten, mit der eigenen Firma oder über Beteiligungen an anderen Firmen Erdöl zu fördern und wirtschaftlich zu verwerten, um die Kunden zu Zahlungen an die Firma zu veranlassen.

Das Haus, das Andreas Reimann auf Wunsch seiner Freundin dann doch gekauft hatte, verlor er in einem Zwangsversteigerungsverfahren wieder, das die den Hauskauf finanzierende Bank betrieb. Er verstarb zwei Jahre nach seiner Verurteilung aufgrund einer Krebserkrankung.

Jeder sollte das machen, was er am besten kann

Unternehmensbeteiligung

»Jetzt guckst du schon zum dritten Mal in den Kalender. So viel ändert sich da nicht«, meinte meine vorlaute Rechtsanwaltsfachangestellte. Doreen löste ihren Blick vom Bildschirm. Sie ahnte, welcher Termin mein Interesse geweckt hatte. »Ich habe dir schon gesagt, dass Rolf Tucheband meinte, es handele sich um einen privaten Termin.«

»Was soll das denn? Ich habe doch mit ihm nichts Privates zu schaffen«, wunderte ich mich. »Und seit wann ist er überhaupt aus dem Gefängnis raus?«

Sie erklärte schnippisch: »Die JVA sendet uns nicht die Entlassungspapiere. Sei bloß vorsichtig mit dem! Der ist gefährlich! Weißt ja, das Ding mit dem Internethandel und du als Alibi. Dass du überhaupt noch mit dem sprichst!«

»Gerissen ist der schon.«

Doreen schüttelte den Kopf. »Dummfrech! Haftlockerung? Von wegen. Weggesperrt gehört der und der Schlüssel weit weggeworfen.«

Die Tür des Zimmers meines Sozius öffnete sich. Stephan kam herein, ein großer, kräftiger Mann, der sich mit einer hellen Stimme, die nicht zu seiner äußeren

Erscheinung passte, erkundigte, was denn hier für ein Krach sei. Man könne keinen klaren Gedanken fassen. Ebby, Doreens Labrador, spürte, dass sich die ruhige Atmosphäre in der Kanzlei änderte, und reckte interessiert den Kopf. Meine Jack-Russell-Hündin Anja blieb ein paar Zimmer weiter auf ihrem Stuhl liegen, als ob sie auf die Rückkehr der dritten Anwältin im Bunde wartete, die vor einigen Wochen das Handtuch als Freiberuflerin geworfen und sich in die Klauen des öffentlichen Dienstes begeben hatte.

Stephan, für den es nicht immer einfach war, die über fünfzehn Jahre gewachsenen Beziehungen der Kanzlei zu durchdringen, erkundigte sich: »Wer ist dummfrech und bekommt auch noch Haftlockerung? Wem hast du ein Alibi für seine Tat gegeben?«

»Ein Mandant vom Doc.«

»Müsste ich den kennen?«

»Nein«, meinte Doreen, »der klebt aber an ihm wie …«

»Er wurde eben erfolgreich von mir verteidigt«, prahlte ich.

»Ja, ja, beim letzten Mal gab es anderthalb Jahre Nachschlag«, redete Doreen meine Leistung klein.

Ich wagte einen Versuch der Rechtfertigung: »Er hat während des Vollzugs der Haftstrafe schon wieder die nächsten Dinger gedreht.«

»Wie geht das denn? … Ah, lass mich raten: Das war der, von dem du erzählt hast. Der Koch im Knast war und Fleisch unterschlug, um es bei der illegalen Grillparty auf den selbst gebauten Elektrogrill zu legen, durch den es zu einem Brand in der JVA kam.«

Bei dem Wort »Fleisch« schlug Ebby ihre Augen auf.

»Ah, dann war es der mit dem Fluchtversuch. Na, der«, erklärte Stephan, »der den Zettel mit der Aufschrift ›Bin dann mal weg‹ auf den Tisch in der Zelle gelegt hatte und sich dann im Spind versteckte.«

Doreen schüttelte den Kopf.

»Noch ein anderer«, klärte ich ihn auf. »Der ist nun fast fünfzig und hat beinahe die Hälfte seines Lebens hinter Gittern verbracht. Nach seinem letzten Ding, einem Raub bei einem Juwelier, hat er zuletzt wegen familiärer Probleme Hafterleichterungen bekommen und durfte ab und zu nach Hause. Die Zeit nutzte er aber nicht zur Pflege seiner kranken Mutter, sondern bot hochwertige Technik im Internet an und kassierte Vorschüsse in bar. Für die Ermittler war das nicht einfach. Er galt ja den Papieren nach offiziell als weiter in Vollzugshaft.«

»Und wie hast du dem ein Alibi gegeben?«

Nun wusste Doreen zu berichten: »Hat er ja nicht. Der Knacki wollte das aber. Er hatte Hafturlaub für ein Anwaltsgespräch mit dem Doc gewährt bekommen und war eine halbe Stunde hier, wollte aber eine Bestätigung für drei Stunden. Als Grund gab er an, dass er mal wieder ordentlich mit seiner Freundin poppen wolle. In Wirklichkeit hat er aber die Zeit gebraucht, um weitere Onlinegeschäfte abzuwickeln.«

»Und du hast das bestätigt?«

»Natürlich nicht. Ganz abgesehen davon, lief zu diesem Zeitpunkt schon eine Telefonüberwachung auf dem Handy seiner Mutter, das er für seine Geschäfte nutzte. Mit den Geodaten hätte ganz leicht der Nachweis geführt werden können, dass er nicht mehr hier war.«

»Und mit dem sprichst du noch?«, erkundigte sich Stephan ungläubig.

»So was darf man nicht persönlich nehmen.«

»O doch«, widersprach mir Stephan, »sehr sogar.«

Doreen nickte.

»Ich hatte ihn doch vor der Verteidigung wegen der Internet-Betrugsmasche darauf angesprochen, dass ich ihm unwissentlich ein Alibi für seine Tat gegeben hätte, wenn ich ihm den längeren Aufenthalt in der Kanzlei bestätigt und er mich damit in Teufels Küche gebracht hätte.«

»Und?«, forschte Stephan.

»Dass er auch mir damit Ärger hätte machen können, auf die Idee wäre er gar nicht gekommen.«

»Und das glaubst du ihm?«, fragte Stephan skeptisch.

»Dass er sich über die Konsequenzen seiner Taten nicht im Klaren ist und es ihm völlig egal ist, was mit den Menschen um ihn herum passiert, diesen Teil nehme ich ihm schon ab«, erklärte ich.

Doreen schüttelte den Kopf. »Mit solchen Leuten lässt man sich doch nicht ein.«

»Wer hat denn den Termin heute eingetragen?«, erkundigte ich mich provokant.

»Ist ja wohl mein Job ... Soll ich absagen? Ich ruf ihn jetzt an und sage ab.« Sie griff sogleich zum Telefonhörer.

»Lass mal. Wer weiß, was daraus wird.«

»Deine ewige Neugierde, die bringt dich noch mal ins Grab.«

Zwei Stunden später saß Tucheband mir nach über sechs Jahren wieder gegenüber. Er hatte schon immer eine kräftige Statur gehabt und war, soweit ich mich erinnerte, früher auch mal Boxer gewesen. Als Türsteher hatte er sich den einen oder anderen Euro verdient und dabei gelegentlich Drogen verkauft. In der JVA musste er ordentlich trainiert haben und sah trotz seines mittlerweile fortgeschrittenen Alters athletisch aus.

Ich hörte mich »Das ist nicht Ihr Ernst!« sagen.

»Doch. Eine völlig legale und vor allem sichere Geldanlage.«

»Legal?«

»Tabledance ist Unterhaltung. Da bräuchte ich nur eine normale Gewerbegenehmigung. Ich werde das aber als Gaststätte anmelden.«

»Da brauchen Sie aber eine spezielle Gaststättenge-nehmigung nach der Gewerbeordnung. Und ob die dann nicht zurückgenommen wird, weil Sie etwas ganz anderes betreiben als genehmigt, das steht auch noch in den Sternen.«

»Weiß ich doch. Ist alles schon in Arbeit.«

»Da sind Sie ja gut vorbereitet.«

»Mir hat der Steuerberater geholfen, mit dem ich im Knast war.«

»Und gleich wieder neue Pläne geschmiedet? Seien Sie vorsichtig, dass das nicht schiefgeht.«

»Deshalb wollte ich Sie ja auch mit im Boot haben. Einen Steuerberater, einen Anwalt ... Was soll da noch schiefgehen?«

»Der wird doch aber kein Steuerberater mehr sein, wenn er sitzt, oder?«

»Der bekommt seine Zulassung ganz schnell wieder, wenn er raus ist und geordnete Vermögensverhältnisse nachweisen kann.«

»Ach so! Und dazu braucht er die Tabledance-Bar?«

»Hm.«

»Wie gesagt: ohne mich!«

»Und Ihnen wollte ich das aus Dankbarkeit anbieten.«

»Aus Dankbarkeit? Ich denke, Sie wollten von mir Geld haben.«

»Schon. Aber nur zu Beginn. Später verdienen Sie na-türlich ordentlich mit dran.«

»Aha ... Und wenn die Kunden von den Mädchen mehr wollen, als nur zu gucken?«

Tucheband lächelte. »Das ist dann Sache der Mäd-chen. Und dass sie Geld dafür bekommen, dass sie ein Zimmer bei mir mieten, wenn sie müde sind, daran ist doch auch nichts verwerflich.«

Ich lächelte zurück. »Sie sind so ein guter Mensch geworden.«

»Na, und sind wir im Geschäft?«

»Ein ganz deutliches Nein!«

»Hier, ich habe Papiere mit.« Er wollte mir ein paar Blätter über den Schreibtisch reichen, die ich nicht entgegennahm. Er ließ die Blätter sinken.

Trotzdem erkundigte ich mich: »Wurden Ihnen die Mädchen überschrieben?«

»Nee, alles legal. Habe ich doch gesagt. Das hier ist mein Business-Plan.« Er überlegte ein wenig. »Ha, Sie sind mir ein Fuchs! Sie globen, die Bude wird von der Konkurrenz kleingehaun und Ihr Erspartes ist weg.«

»Nein. Ich gedenke ja nicht, dort Geld anzulegen.«

»Also Schutzgeld wird natürlich bezahlt. Da habe ich schon eine Genehmigung.«

»Welches Amt macht das?«

»Sie wissen schon«, meinte er augenzwinkernd, »der Pate von Berlin.«

»Nein, weiß ich nicht«, stellte ich mich unwissend.

»Sie sind mir aber ein harter Brocken. Wollen Sie eine höhere Gewinnbeteiligung?«

»Ich will gar nichts.«

»Sie wissen ja nicht, was Sie sich da entgehen lassen.«

»Ich habe da schon eine ungefähre Vorstellung. Akzeptieren Sie bitte meine Ablehnung.«

Bankgespräch

Nachdem seine bisherigen Versuche der Geldbeschaffung gescheitert waren, vereinbarte Rolf Tucheband mit einem Geschäftskundenbetreuer einer deutschen Großbank einen Termin. Er war schon bei einem ersten Vorgespräch gewesen und hatte mehrere Vordrucke in die Hand gedrückt bekommen und eine Liste mit den Unterlagen, die er beibringen sollte.

Eine Dame um die fünfzig mit rundlicher Figur, frisch frisiertem Haar und einem Lippenstift, der einen Ton zu kräftig geraten war, empfing ihn ohne ein Lächeln. Er wusste, dass er mit einer Frau Krabe verabredet war. Auf dem Tisch stand auch ein Schildchen mit dem Namen. Die Frau signalisierte durch ihre Art, dass das Gespräch eigentlich überhaupt nicht zu beginnen bräuchte und sie die Ansicht vertrat, dass er ihr nur die Zeit stehlen würde.

Rolf überlegte kurz, welche Bank er damals überfallen hatte. Ah, da kam die Erinnerung wieder, es war eine Filiale der Dresdner Bank gewesen, die er mit einer täuschend echt aussehenden Imitation einer Pistole hatte ausrauben wollen. Die Sache war gründlich in die Hose gegangen. Die Kassiererin, auf die er mit der übers Gesicht gezogenen Skimaske zutrat, hatte sofort am ganzen Leibe gezittert. Als er ihr den Zettel mit seiner Forderung und seine Waffe unter die Nase hielt, fing sie an zu weinen und war überhaupt nicht in der Lage, ihm auch nur einen Geldschein herauszugeben. Das war vielleicht eine blöde Zicke gewesen!

Aber er hatte sich auch nicht viel cleverer angestellt: Auf dem Überwachungsvideo war zwischen seinem Handschuh und der Jacke ganz deutlich seine Tätowierung auf dem Handgelenk zu sehen, als er die Angestellte mit der Waffe bedrohte. Wenn man gerade dabei ist, eine Bank zu überfallen, so sah er es heute, ist es nicht so pfiffig, eine markante Tätowierung sichtbar zu tragen.

Gegenüber seinen Kumpels prahlte er jedoch immer noch damit, dass er allein eine »Bank gemacht hatte«. Und wenn er ein Resümee aus dieser Tat zog, dann sah das Ergebnis für ihn gar nicht so schlecht aus: Die Bank war Geschichte. Die gab es nicht mehr, ihn aber immer noch.

Frau Krabe, die ihm jetzt gegenübersaß, schien jedoch ein ganz anderes Kaliber zu sein als die Zittertante damals.

Sein Knastkumpel und künftiger Steuerberater – so zumindest die Planung – hatte ihn gedrängt, unbedingt so viel wie möglich an Privatdarlehen für ihre Unternehmung einzusammeln. Tucheband hatte ihm gleich gesagt, dass das schwer werden würde. Wie schwer, das hatte selbst Rolf nicht erwartet: Bisher hatte er keinen einzigen Euro zusammengekratzt. Nicht einmal sein Anwalt wollte sich an dem Geschäft beteiligen. Das empfand Tucheband als ziemlich undankbar.

Andererseits gab es einige Kumpels, die Hilfe angeboten hatten: Benjamin wollte den Türsteher machen. Das war nicht verkehrt, nur war sich Rolf nicht sicher, ob Benjamin das nötige Feingefühl für diesen Job mitbringen würde. Der würde vielleicht sein eigenes Ding durchziehen und an der Tür sein Zeug verkaufen. Jedenfalls hatte er ihm versprochen, dass er Gläser abräumen und sich zum Türsteher hocharbeiten könne. Ein anderer Kumpel hatte angeboten, die Bar, Tische und Stühle sowie einen Billardtisch zur Verfügung zu stellen; so was habe er als Gastronomie-Einrichter aus Insolvenzen noch im Lager. Für die Anmeldung als Gaststätte könnte er aus seinen Beständen sogar eine Küchenausrüstung mit dazugeben. Das Ganze nur für einen »schmalen Taler«.

Sein Knastkumpel hatte ihn auch darauf vorbereitet, dass es noch schwieriger sein würde, einen Unternehmenskredit von einer Bank gewährt zu bekommen. Der Gesichtsausdruck der Frau Krabe bestätigte diese Aussage. Das würde ein schweres Stück Arbeit werden.

Die Bankangestellte blickte skeptisch auf die Unterlagen und kommentierte: »Das sieht ja recht schmal aus!«

»Na ja, ich möchte das Restaurant auch als natürliche Person betreiben, so dass Gesellschaftervertrag, Gesellschafterliste und so weiter entfallen.« Er hatte sich diese ganzen Begriffe eingebläut, um nicht ganz dumm dazustehen.

»Sie meinen Gesellschaftsvertrag.«

»Klugscheißerin!«, dachte er sich. In Wirklichkeit ärgerte er sich aber über sich selbst. Natürlich hatte er gelesen, wie der Vertrag heißt, den die Bank haben wollte. Das war doch scheißegal, ob nun »Gesellschaftervertrag« oder »Gesellschaftsvertrag«. Die wollte doch nur beweisen, dass sie im Jargon der Macht sprach. Tucheband sagte aber: »Genau! Den meine ich«, und setzte gleich nach: »Das hier ist mein Businessplan.«

»Sehr gut!« Sie nahm die Unterlagen und legte sie ungesehen auf den Tisch. »Aber immer der Reihe nach!«

Rolf musste an sich halten, um seiner Enttäuschung nicht Luft zu machen. Da hatte der Steuerberater im Knast lang und breit erklärt, wie wichtig so ein Business-Plan sei und dass ohne den gar nichts laufe, und nun wollte ihn niemand sehen.

»Wie sieht es mit Ihrer Vermögensauskunft aus?«

»Na, wenn ich Vermögen hätte, müsste ich ja nicht zu Ihnen kommen.« Rolf fand den Scherz recht gelungen. Ein Blick in das Gesicht der Bankmitarbeiterin sagte ihm jedoch, dass sie sein Gefühl nicht teilte.

»Oh, Arbeitslosengeld!«, las sie laut vor, als sie die Auskunft in der Spalte »Einkünfte« entdeckte.

Er selbst hatte sich gefreut, überhaupt etwas eintragen zu können. Er hatte in der Haftanstalt in der Küche gearbeitet und so wenigstens etwas verdient und nun einen Anspruch auf Arbeitslosengeld. Darauf war er einigermaßen stolz. Diese Frau ihm gegenüber lebte wohl in einer anderen Welt. Und sie würde alles tun, um ihn nicht in ihre Welt einzulassen.

Sie blätterte weiter, schüttelte mit dem Kopf und erklärte: »Das reicht vorne und hinten nicht. Da ist ja überhaupt nichts, was Sie uns als Sicherheit anbieten können.«

»Schon, aber meine Idee, die ist doch auch etwas wert.«

»Nicht für uns. Wir sind als Bank verpflichtet, unsere Anleger, die Kunden, die Kreditwirtschaft zu sichern. Aus Ihren Unterlagen ist aber auch kein Anhaltspunkt dafür ersichtlich, dass Sie jemals in der Lage sein werden, ein Darlehen zurückzuzahlen.«

»Doch, wenn das Geschäft läuft.«

Sie blickte ihn eindringlich an. »Und wenn das Geschäft nicht läuft?«

»Aber man muss es doch versuchen!«

»Doch nicht auf unsere Kosten!«

Tucheband ließ sich nach hinten fallen. Am liebsten hätte er die Frau beschimpft. Aber das hätte jetzt auch nichts gebracht. Resigniert fragte er: »Und was soll ich jetzt machen?«

»Wenn Sie das Geld für das Restaurant nicht zusammenbekommen«, sie überlegte ein wenig, »machen Sie doch einfach das, was Sie am besten können.« Wie zur Bestätigung ihrer eigenen Aussage nickte sie und wiederholte den Gedanken noch einmal: »Jeder sollte das machen, was er am besten kann.«

Rolf blickte sie verständnislos an.

»Sie kennen doch sicher den Hirschhausen.«

»Nö«, entgegnete Rolf missmutig.

»Jeder hat etwas, das er besonders gut kann. Der Entertainer hat einmal einen Pinguin auf einem Felsen watscheln gesehen. Der tat ihm leid, so klein, fett, ohne richtige Beine und auch keinen Hals. Ist halt keine Giraffe. Dann sprang der Pinguin aber ins Wasser und bewegte sich extrem schnell und gewandt, tauchte ab und brachte den Mann zum Staunen. Fazit ist, dass wir zu schnell über Menschen urteilen, die wir dann auch nur in einer für sie ungünstigen Situation erlebt haben. In anderen Dingen sind sie aber viel besser. Jeder hat so etwas, was er gut kann. Da wird es bei Ihnen auch was geben. Sie sind groß und kräftig, sehen sportlich aus und können sicher zupacken. Machen Sie was draus.«

»Sie meinen so mit Frauen gegen Geld?«

Die Dame vor ihm sah ihn entgeistert an. »Das habe ich nun überhaupt nicht im Sinn gehabt. Ich dachte an körperliche Arbeit. Auf dem Bau, als Handwerker oder so. Sie werden doch einen Beruf erlernt haben, oder vielleicht haben Sie ein Hobby, mit dem Sie sich etwas dazuverdienen können.«

Rolfs Blick zeigte keinen Funken Verständnis für das, was die Frau gerade von sich gegeben hatte.

Die Bankangestellte schaute auf ihre Uhr. »Sie müssen mich jetzt entschuldigen. Ich habe gleich den nächsten Termin.«

Biergarten

Rolf Tucheband saß im Park und trank frustriert ein Bier, als sein Kumpel Benjamin vorbeikam.

»Ey, was machst du denn hier?«

»Siehste doch! … Außerdem ist es schön hier. Ich genieße die Ruhe, und wenn ich genug getrunken habe, pisse ich da vorne in den Teich.«

»Mann, hier saufen doch nur die Penner. Ist doch im Park verboten.«

»Und was machst du denn hier? Biste auch ein Penner oder haste Schiss, Benny?« Rolf trank sein Bier aus und steckte die leere Flasche in seinen Rucksack. Dabei war ein deutliches Klirren zu hören, das auf mehrere Flaschen hindeutete.

»Na ja, hast dich ja nicht mehr gemeldet wegen dem Job. Jetzt muss ich hier saufen.«

Rolf musterte ihn gründlich. »Und wo ist dein Bier?«

»Haste eins für mich?«

»Musste hier rumschnorren?«

»Wie sonst, wenn du mir keins freiwillig anbietest?«

Rolf grinste. »Na gut. Dann machen wir jetzt mal was richtig Verbotenes.«

Gerade als Rolf in seinen Rucksack griff, erschienen vor ihnen zwei Männer, stellten sich als Mitarbeiter des Ordnungsamtes vor und verwiesen darauf, dass in diesem Park ein Verbot für das Trinken von Alkohol bestünde.

»Und was machen Sie, wenn ich jetzt meine Hustentropfen nehme, die Alkohol enthalten?«

»Jetzt werden Sie mal nicht komisch«, kam zur Antwort.

Benjamin stand seinem Kumpel zur Seite: »Oder wenn ich eine Mozartkugel esse?«

Der Ordnungshüter, der bisher noch nichts gesagt hatte, erklärte, dass darin kein Alkohol enthalten sei.

Der andere Ordnungshüter fügte in barschem Ton hinzu: »Jetzt eiern Sie mal hier nicht rum. Wir haben genau gesehen, wie Sie hier verbotswidrig ein Bier getrunken haben.«

Rolf lachte. »Hohoho. Da habe ich ja ein richtig großes Ding gedreht.« Er schaute die beiden Männer an und drohte: »Wenn ich euch jetzt eins in die Fresse haue, dann gehe ich vielleicht wieder dafür ab, aber das wäre es mir wert. Und für euern Scheißjob solltet ihr euch nicht den Schädel einschlagen lassen.«

»Ich habe noch gar nichts getrunken«, gab Benjamin zu bedenken, um die Situation ein wenig zu entspannen.

Rolf blickte zu seinem Kumpel und fauchte verächtlich: »Schisser!«

»Das haben wir gesehen«, erklärte der eine Ordnungswächter. »Wir wollten Sie da auch nicht in eine Falle laufen lassen.«

Der andere Uniformierte meinte: »Ich rufe jetzt im Wege der Amtshilfe die Polizei. Sie bekommen obendrein eine Strafanzeige wegen Bedrohung.«

Rolf stand auf. Er überragte den größeren der beiden Ordnungshüter um mehr als Kopfeslänge und war viel kräftiger.

Auch Benjamin richtete sich auf. Er langte, was Körpergröße und Körperbau anging, zwar nicht an Rolf heran, für ihn sprach aber seine Jugend. Er war in unzählige Schlägereien verwickelt gewesen und stolz auf seinen Ruf, dass er nicht lange zögerte, bevor er kräftig zuschlug.

»Was wollt ihr uns denn?«, fragte Rolf provokativ.

»Ich habe Fotos von euch«, erklärte der Angestellte, der gerade im Begriff war, die Polizei anzurufen, und deutete auf sein Handy.

Blitzschnell entriss Rolf ihm das Telefon und warf es in den nahe gelegenen Teich.

»Jetzt kannste dir deine Scheißbilder sonstwo hinstecken, du Arschloch! Wenn ihr jetzt noch einen Ton sagt, dann mache ich das Gleiche mit euch!«

Rolf schnappte sich seinen Rucksack und warf ihn über die Schulter, dass es nur so klirrte. Ohne die beiden Mitarbeiter des Ordnungsamtes noch eines Blickes zu würdigen, verließ er mit seinem Kumpel den Park.

»Haste die Fressen gesehen«, prahlte Rolf, »die haben sich schon im Teich gesehen.«

»Genau! Die hatten die Hosen gestrichen voll«, pflichtete Benjamin bei.

Die beiden blieben stehen, und Rolf angelte zwei Bierflaschen aus dem Rucksack.

»Für solche Wichser sind Ex-Knackis nur Abschaum. Denkste, die hätten was gesagt, wenn so 'n Schnösel mit seiner Ollen hier ein Picknick gemacht hätte und sich im Körbchen 'ne Pulle Champagner befunden hätte? 'nen großen Bogen hätten se darum gemacht, um nich anzuecken. Könnte ja 'ne Dienstaufsichtsbeschwerde geben oder ein Freund des Vorgesetzten sein. Wie ich diese ganzen Spießer, ihr verlogenes Leben und die Schleimerei hasse!«

Sie stießen ihre Bierflaschen aneinander.

»Trinkste dein Bier hier gepflegt auf der Straße, biste für alle der letzte Dreck.«

»Jau«, stimmte Benjamin zu.

»Besonders für die Weintrinker.«

»Hä?«

»Na, die Weintrinker denken, dass sie was Besseres sind.«

»Meinste? Vielleicht schmeckt denen nur der Wein besser. Meine Olle säuft auch lieber Wein.«

»Ich meine doch die Kerle. Richtige Kerle trinken Bier.«

Plötzlich fragte Rolf: »Gehen wir in 'nen Biergarten?«

»Wenn du einlädst …«

»Klar doch. So viel hab ich schon noch. Müssen doch unsere Zukunft besprechen. Als arme Schlucker dürfen wir nicht enden. Wir müssen Pläne für die Zukunft machen. Wir brauchen Kohle.«

Benjamin strahlte. »Jetzt biste wieder der Alte.« Er schlug dem Freund zum Zeichen der Anerkennung auf die Schulter.

Sie brauchten nicht lange, um im sommerlichen Berlin einen Biergarten zu finden. Um die Mittagszeit war auch noch nicht so viel los.

»Na, kieke mal, wer da is, der Stecher«, brüllte Rolf los, als er einen seiner alten Knastkumpel sah.

Der blickte sich um, erkannte Rolf, stand auf und rief: »Mensch, Rollo, lange nicht gesehen.«

Rolf und Benjamin setzten sich zu Stecher, der noch ein halb volles Bierglas vor sich stehen hatte.

Benjamin musterte den kleineren und fast schmächtigen Kerl. »Und du vögelst den Weibern die Seele aus dem Leib?«

Von Stecher kam nur ein verständnisloses »Hä?«

Auch Rolf zog die Stirn kraus. »Wie meinste das?«

Für Benjamin war das völlig klar. »Na, der Spitzname.«

Rolf und Stecher begannen zusammen aufzulachen.

Rolf erklärte: »Nee du, den Namen hat er, weil er in Autos macht, verstehste?«

Jetzt war es Benny, der die Antwort mit einem »Hä?« quittierte.

»Schlösser aufstechen, Mann«, erklärte Rolf in einem leicht genervten Ton, »mit einem Überdrehwerkzeug.«

Da Stecher sofort erkannte, dass Benny nicht der Hellste war, klärte er ihn auf: »Polenschlüssel.«

»Ach so. Sagt das doch gleich.«

Rolf erkundigte sich bei seinem alten Knastkumpel, wie die Geschäfte so liefen.

»Scheiße«, antwortete dieser ehrlich. »Mache jetzt paar Nummern kleiner in Fahrräder. Die Hochwertigen sind aber durch Schlösser gesichert, bei denen auch nicht immer Kältespray hilft. Dabei hab ich schon das gute Zeug, das sofort auf bis zu minus 40 Grad abkühlt.« Er schüttelte den Kopf und nahm sein Bierglas in die Hand. »Das ist auch mein letztes Bier heute. Mehr ist nicht drin. Und wie sieht's bei dir aus?«

»Auch nicht viel besser. Aber durch die Arbeit im Knast bekomme ich wenigstens Arbeitslosengeld.«

»Du Glücklicher.«

Eine Kellnerin kam an den Tisch und erkundigte sich mit osteuropäischem Akzent nach den Wünschen der Gäste.

Rolf schaute sie an. »Na ja, wie meinen Sie das denn? Also einen blasen, das wär schon was.«

Benny und Stecher grölten los.

Die Bedienung, die solche Sprüche öfter zu hören bekam, blickte abschätzig auf die Männer herunter. »Typ Zahnstocher, schätze ich mal.«

Nun hatte die Bedienung die Lacher auf ihrer Seite. Benny und Stecher feixten und kriegten sich vor Lachen nicht ein.

Rolf wollte wieder eine seiner Drohungen mit »Hey, hey, nicht frech werden, du kleine …« beginnen, als die Kellnerin ihn unterbrach: »Wollt ihr nun noch etwas trinken?«

Großspurig bestellte Rolf eine Runde für alle von »dem da« und wies auf Stechers Glas, der darauf einen gewaltigen Schluck nahm.

»Geht doch«, kommentierte die Frau und war so schnell weg, wie sie gekommen war.

»Danke«, meinte Stecher, der Rolfs Bestellung als Einladung sah.

»Siehst du, Benny, das meinte ich vorhin«, sagte Rolf. »Haste nischt, biste nischt. Ohne Geld bist du für jeden der letzte Arsch.«

»So is es«, bestätigte Benny.

Stecher pflichtete ihm bei: »Geld regiert die Welt.«

»Wollte ja ganz groß 'nen Tanzschuppen mit Mädchen aufziehen. Aber denkste, dass man das Startkapital von irgendjemandem geliehen bekommt?«

»Schenken tut dir keiner was«, erklärte Stecher.

»Sollten sie ja alles zurückbekommen, mit Zins und Zinseszins, wenn der Laden läuft. Aber den bekommt man in diesem Scheißland erst gar nicht zum Laufen. Das ist kein Land für Unternehmer.«

Stecher nickte und nahm den letzten Schluck aus seinem Glas.

»Aber die ganzen Ausländer, die nehmen einem hier die Jobs weg. Und dann muss man sich von denen auch noch blöde kommen lassen. Ich hab solche Wut im Bauch, sag ich euch.«

Benny erkundigte sich: »Wie meinste das?«

»Na, die Schlampe, die hier bedient zum Beispiel.«

»Willste kellnern gehen?«, wollte Benny wissen. »Wird auch nich gut bezahlt, und die Arbeitszeiten sind auch scheiße.«

»Quatsch! Ich meine das ganz allgemein. Überall bekommste nur billigen Chinascheiß zu kaufen, und selbst die Arbeit hier machen die Ausländer. Für anständige Deutsche ist in diesem Land einfach kein Platz mehr.«

Die Kellnerin trat wieder an den Tisch, stellte die Gläser mit der Bemerkung »Zum Wohl!« vor die Männer hin und nahm das leere Glas mit.

»Schnell isse ja«, stellte Stecher fest.

Sie genossen diese Runde Bier und dann noch eine, füllten sich zwischendurch die Gläser mit dem Bier, das Rolf noch im Rucksack hatte. Dann erzählte er seinen Saufkumpanen von dem Bankgespräch und der Geschichte mit dem Pinguin. Für das Ansinnen mit körperlicher Arbeit hatten die drei Ganoven keinerlei Verständnis.

Sie tranken weiter und fanden das Leben jetzt auch nicht mehr so schlimm.

Die Kellnerin kam, erklärte, dass ihre Schicht jetzt beendet sei und sie eine Zwischenabrechnung machen müsse. Rolf zahlte und bestellte noch eine Runde, die dann die Kollegin bringen sollte.

Als die Kellnerin aus ihrem Blickfeld verschwunden war, schaute Rolf immer noch enttäuscht in sein Portemonnaie. In beinahe drohendem Ton sagte er: »Ich brauche Geld, und zwar schnell!«

Stecher pflichtete ihm bei: »Ich auch, und zwar viel.«

Benny meldete sich durch das Heben der Hand, wie zu alten Schulzeiten.

»Was hast du denn?«, erkundigte sich Rolf.

»Ich auch«, erklärte Benny, »ich brauche auch schnell viel Geld.«

»Wir machen eine Bank«

Rolf hatte eine Eingebung: »Dann machen wir doch, was wir am besten können.«

Stechers Stimme klang enttäuscht, als er fragte: »Arbeiten?«

»Quatsch! Wir machen eine Bank«, erwiderte Rolf.

»Nun ja«, kommentierte Benny mit gewissem Interesse in der Stimme, »dann überfallen wir eine Bank.«

»Und wie stellen wir das an?«, wollte Stecher wissen. »Vielleicht die Masche, die jetzt 'ne andere Truppe macht: nach Feierabend im Vorraum an die Geldautomaten ran? Die mit Gas füllen und zur Explosion bringen?« Die letzten Worte waren schon etwas leiser, weil sich schon die neue Kellnerin mit der Bestellung im Anmarsch befand.

Schnell tranken die drei ihre Biere aus.

Der Biergarten füllte sich langsam mit weiteren Gästen, den ersten Leuten, die einer regulären Arbeit nachgingen.

Als die Kellnerin mit den leeren Gläsern weitergezogen war, nahm Benny den Faden wieder auf: »Und wo willst du so 'n explosives Gas herbekommen?«

»Ganz einfach: Knallgas. Am besten im Verhältnis zwei Teile Wasserstoff zu einem Teil Sauerstoff. Hast wohl in der Schule nicht aufgepasst?«

»Da war er gerade krank«, platzte Rolf dazwischen.

»Und du erfährst gleich, wie sich ein Hai fühlt, bei dem die Zähne nach hinten stehen.« Benny fühlte sich von Rolf provoziert.

Jetzt musste Rolf passen. »Ist das bei Haien so?«

»Hast wohl in der Schule nicht aufgepasst, wa?« Benny strahlte.

Stecher führte die Sache wieder auf den Punkt zurück: »Egal! Aber Knallgas, das haben wir in der Schule behandelt.«

Rolf pflichtete ihm bei: »So isses! … Bloß, wo bekommen wir so schnell Gas her?«

»Wieso schnell? Wann willste denn das Ding drehen?«

»Am besten … noch heute.«

»Oh«, meinte Benny nur kurz und überlegte dann. »Da fällt die Nummer mit dem Tunnel zur Bank aber aus.«

Stecher sah Benny etwas verwirrt an. »Weißt du, was das für ein Aufwand ist und wie genau du unter Tage vermessen musst, wenn du nicht gleich in 'ner Zelle bei den Bullen rauskommen willst?«

Nun war es Benny, dem es trotz seines Alkoholkonsums gelang, wieder auf die Sache zurückzukommen. »Habt ihr nen besseren Plan, als einen Tunnel zu graben?«

»Ich hatte ja schon die Idee mit dem Knallgas«, gab Stecher zu bedenken. »Aber da hätte ich noch was …«

Rolf und Benny nahmen einen weiteren Schluck aus ihren Gläsern.

Da Stecher seine Idee nicht preisgab, forderte Rolf: »Jetzt mach es mal nicht so spannend, Alter.«

»Ich kann nicht nur Autos knacken. Mit 'nem Bulldozer nach Ladenschluss da reinkrachen, die Automaten anketten und raus mit dem Scheiß. Wirst sehen, wie da die Scheine nur so rumfliegen.«

Rolf und Benny reagierten nicht so begeistert. Rolf richtete sich auf. »Also ich«, begann er, bemüht darum, das Lallen in seiner Aussprache zu unterdrücken, »bin ja der Profi in Sachen Banken. Oder hat jemand von euch schon eine Bank gemacht?«

Beide Zuhörer schüttelten mit dem Kopf.

»So isses. Also ich sage euch, wir müssen das mit den naheliegenden Mitteln bewerkstelligen. Du«, er zeigte auf Stecher, »klaust jetzt das Fahrzeug, mit dem wir in eines der Nester fahren, die rund um Berlin liegen. Nicht zu klein, weil da soll ja Geld in den Automaten sein. Du bist auch noch am nüchternsten,nd deshalb fährst du das gestohlene Auto auch als Fluchtwagen. Wir gehen da alle rein, mit Masken und so, und hauen einfach mit dem Vorschlaghammer die Scheibe von so 'ner Schaltertussy vor uns ein. Wenn es keine Scheibe gibt, umso besser. Dann lassen wir den Hammer auf den Tisch krachen.«

»Und die Bankkunden?«, fragte Stecher.

»Wirst sehen, die rennen alle raus. Sollen die doch die Bullen rufen. Die brauchen mindestens … na ja, fünf Minuten oder so. Wir nehmen mit, was in den kleinen Safes am Schalter ist, und hauen gleich wieder ab.«

»Das war's?«, erkundigte sich Benny erstaunt.

»Genau so isses«, bestätigte Rolf.

»Und wann wollen wir das Ding drehen?«, schickte Benny gleich noch eine Frage hinterher.

Stecher hatte es zuvor schon verstanden. »Hatta doch gesagt. Heute!«

Rolf nickte.

Gesagt, getan. Sie zahlten und verließen mit schwankendem Gang den Biergarten. Zunächst machten sie sich auf, um Stecher zu folgen, da dieser sein Werkzeug für einen Autodiebstahl holen wollte. Sie gingen ein Stück zu Fuß und nahmen dann die U-Bahn in Richtung Nollendorfplatz.

»Warum haste denn dein Werkzeug nicht mit?«, wollte Benny von Stecher wissen.

»Wat, damit die Bullen mich bei einer Kontrolle gleich hochnehmen? Und dann ist auch noch mein Werkzeug weg? Nee, nee.«

Sie stiegen aus der U-Bahn und fachsimpelten noch eine wenig, welches Fahrzeug sie nehmen würden, als vor ihnen ein VW T3 als Kleinbus-Variante mit offenen Türen stand. Offensichtlich lud da jemand gerade etwas ein oder aus.

»Los, rein da!«, forderte Stecher, der sich sogleich zum Fahrersitz begab; Rolf setzte sich daneben. Der Schlüssel steckte. Stecher drehte ihn, aber nichts passierte. »Scheiße!«, fluchte er zischend. Er riss mit Gewalt die Verkleidung unter dem Lenkrad heraus, dass es nur so krachte. Zwei Kabelbäume mit verschiedenen farbigen Kabeln, einer direkt unter dem Lenkrad und einer unter dem Zündschloss, kamen zum Vorschein.

»Macht man das so?«, lallte Benny von der nächsten Sitzreihe.

»Halt's Maul! Eigentlich müsste man hier sauber fünf kleine Kreuzschlitzschrauben lockern. Der hier hat irgendwas an der Elektrik gemacht. Weil der sich leicht klauen lässt, aber der Typ auch gleich weiter will, denke ich mal … Ah, hab ich's doch gewusst. Ein Totschalter Marke Eigenbau.«

Plötzlich sprang der Kleinbus an. Stecher legte den Gang ein, und sie fuhren los. Zwei Straßen weiter hielten sie vor Rolfs Wohnung und holten einen Vorschlaghammer, einen Fäustel, eine Rohrzange und eine Art Strumpfmaske, die Rolf bei einem Gokart-Rennen bekommen hatte. In einem Supermarkt kauften sie zwei Frauenstrumpfhosen, die Benjamin und Stecher als Maske dienen sollten.

Dilettantische Vorgehensweise

Als der Beschluss über die Pflichtverteidigerbestellung in die Kanzlei flatterte, konnte ich mir einen Salm von unserer Rechtsanwaltsfachangestellten anhören: »Das habe ich doch gleich gesagt, dass der gefährlich ist und sich nicht ändert.«

Ich nahm ihr gleich den Wind aus den Segeln: »Das habe ich nie bestritten. Wenn wir nur die Unschuldigen vertreten würden, hätten wir wenig Arbeit. Aber erstens gilt die Unschuldsvermutung und zweitens haben auch zu Recht angeklagte Täter einen Anspruch auf ein faires Verfahren. Und dazu gehört nun einmal, dass sie einen Anspruch auf einen Pflichtverteidiger haben, wenn ihre Mittel nicht ausreichen, um selbst einen Wahlverteidiger zu beauftragen, und dann auch noch eine Haftstrafe droht.«

Doreen verlieh ihrer Hoffnung Ausdruck: »Haftstrafe hört sich gut an! Hauptsache, der geht diesmal auch ordentlich in den Kahn.«

»Na ja, die Jungs sind nicht mal richtig zum Zuge gekommen. So hoch wird die Strafe da nicht werden.«

»Muss ich wieder kistenweise Akten einscannen?«

»Ich glaube nicht, dass technische Überwachungsmaßnahmen im Vorfeld liefen. Aber man weiß ja nie.«

»Wie? Meinst du, da hat die Staatsanwaltschaft schon mal vorsorglich eine Telefonüberwachung angeordnet, weil dein Mandant sowieso rückfällig werden würde?«

»Das wohl nicht. Aber erinnerst du dich an die Bande, die bei Schwerin eine Bank überfallen wollte?«

Doreen überlegte kurz. »Hast du einen Namen?«

»Müsste ich erst nachgucken. Ist wohl drei oder vier Jahre her.«

»Und da hatte die Staatsanwaltschaft im Vorfeld schon eine Telefonüberwachung angeordnet?«

»Das nicht, aber es lief noch eine technische Überwachungsmaßnahme wegen Drogendelikten.«

»Ah, stimmt«, erinnerte sich Doreen, »und dann haben die sich auch noch per Handy zur Tat verabredet.«

»Genau die!«, bestätigte ich. »Aber hier«, ich hob den Beschluss des Landgerichts in die Höhe, »wissen wir erst einmal nichts von TÜ-Maßnahmen und dicken Akten.«

Sechs Monate später saß ich neben Tucheband im Saal 003 des Landgerichts Potsdam. Neben uns die beiden Mitangeklagten und ihre Verteidiger. Die drei hatten sich eine Bankfiliale in Luckenwalde ausgesucht, um ihr Vorhaben zu realisieren, weshalb sie sich diesmal vor einem Gericht in Potsdam zu verantworten hatten.

Die Vorbereitung dieses Prozesses gestaltete sich völlig anders als in anderen Fällen. Es ist üblich, dass man Dutzende Bände von Ermittlungsakten lesen muss, die man in Papierform oder digital auf Datenträgern erhält. In keinem Prozess zuvor musste ich jedoch so viele Filme anschauen. Tucheband und seine beiden Mittäter wurden während ihres Versuchs, die Bank zu überfallen, von diversen Überwachungskameras gefilmt.

Für mich grenzte es an ein Wunder, dass die drei mit der Durchführung ihres Vorhabens überhaupt so weit gekommen waren und ihnen anschließend sogar noch die Flucht gelungen war. Die Strafkammer teilte offensichtlich meine Ansicht.

Als Rolf, der als Haupttäter angeklagt worden war, sein Geständnis ablegte, meinte der Vorsitzende, dass mein Mandant nur noch seinen Personalausweis im Bankgebäude hätte hinterlegen müssen, um die Identitätsfeststellung zu erleichtern. Ansonsten hätten ja auch das diverse Blut und die anderen Körperflüssigkeiten zur Identifizierung ausgereicht, die Rolf überall am Tatort hinterlassen hatte.

Um seine Auffassung zu untermauern, ließ der Vorsitzende ein Video von einer der Sicherheitskameras aus dem Vorraum der Bank abspielen. Man sah zwei große, kräftige Männer und einen kleineren, schmächtigeren Mann, die auf den gläsernen Eingang der Bank zuschritten. Sie gingen zügig, allen voran ein Mann mit einer dunklen Maske, die eine ovale Aussparung von den Augen bis zum Mund hatte. Ich staunte, wie gerade sich die Männer hielten, da ich den rechtsmedizinischen Bericht zur Feststellung der Blutalkoholkonzentration kannte.

Rolf schritt im festen Glauben, dass sich die Glastür gleich vor ihm öffnen würde, auf den Eingang zu. Was die Täter jedoch nicht einkalkuliert hatten, das war die Tageszeit. Die Bank hatte inzwischen geschlossen und die Türmechanik ausgeschaltet. Tucheband schlug kräftig mit dem Kopf an die Tür. Sofort sah man dunkle Flecken gegen das Glas spritzen und einen Mann, der vor der Scheibe zusammensackte und sich auf dem Boden liegend die Nase hielt.

Bei den Anwesenden im Saal gab es unterschiedliche Reaktionen: Die einen litten mit Tucheband mit und kommentierten das gerade Gesehene mit »Au!« und »Ui!«; die andere Fraktion lachte auf oder schüttelte verständnislos den Kopf. Einige wenige waren auch instinktiv mit ihrem Oberkörper nach hinten gefahren, so, als ob sie selbst es gewesen wären, die da auf die geschlossene Glastür prallten.

In der nächsten Einstellung ließ Tucheband wütend den Vorschlaghammer an die Glastür krachen, der wie federnd zurückkam. Bei dieser zunächst untauglich scheinenden Arbeit wechselte Rolf, als sein Nasenbluten stärker wurde, sich mit Benny und Stecher ab. Das Publikum im Gerichtssaal konnte es kaum glauben, dass nach und nach tatsächlich eine weiße Fläche entstand, die immer größer wurde. Die drei Angeklagten waren zu sehen, wie sie Minute um Minute mitten in der Kleinstadt auf die Glastür einhämmerten, ohne dass jemand aufmerksam darauf wurde. Der Film wurde so, wie er aufgenommen worden war, ohne Ton abgespielt. Man konnte sich nur vorstellen, welch gewaltigen Krach die Täter vor der Bank verursacht hatten.

Noch bizarrer wurde die Szenerie, als die Täter es nach minutenlanger Arbeit geschafft hatten, ein Loch von einer solchen Größe in die Tür zu schlagen, dass sie alle drei nacheinander in den Vorraum klettern konnten. Was wollten sie zu diesem Zeitpunkt, mit ihrer Ausrüstung und in ihrem Zustand denn zwischen den Geldautomaten und Kontoauszugsdruckern?

Aber noch war das Gericht mit den Filmvorführungen nicht am Ende. Aus einer völlig anderen Blickrichtung sah man nun, wie sich Tucheband mit verkniffenem Gesicht vor einem Geldautomaten postierte. Die Aufnahme war aus Richtung des Displays gefertigt worden. Trotz der Maske war zu erkennen, wie sich Rolfs Gesichtsausdruck entspannte. Die Unmutäußerungen der Zuschauer im Saal wurden so laut, dass der Vorsitzende zur Ruhe mahnen musste.

Die Aufklärung des Geschehens gab es im nächsten Filmausschnitt. Er kam von einer der Überwachungskameras im Vorraum der Schalterhalle, die aufgenommen hatte, wie sich Tucheband vor einen der Geldautomaten stellte und zu urinieren begann.

Anschließend zu diesem Vorgang befragt, meinte Tucheband, dass er damit keine besonderen Absichten verfolgt habe. Sie hätten im Biergarten nur so viel Bier getrunken, dass er nun unbedingt hätte pinkeln müssen.

Die Staatsanwaltschaft hatte hierzu den Anklagevorwurf der Sachbeschädigung formuliert. Dies veranlasste den Vorsitzenden in der Verhandlung zu der Frage, ob es durch das Urinieren gegen den Bankautomaten zu irgendeiner Substanzbeeinträchtigung am Geldautomaten gekommen sei. Auch die Staatsanwaltschaft musste einräumen, dass es nur eine »Schweinerei« gewesen sei, was der Haupttäter hier veranstaltet habe, diese Handlung wohl aber nicht strafbewährt sei, weshalb die Staatsanwaltschaft nicht länger an diesem Anklagevorwurf festhielt.

In einer abschließend vorgeführten Szene sah man, wie die drei Täter aufhorchten. Sie stürmten eilends zu dem in die Glastür geschlagenen Loch. Danach torkelten sie in die Richtung, aus der sie eingangs gekommen waren. Da das Einsatzfahrzeug der Polizei mit Martinshorn anrückte, hatten die Täter noch ausreichend Zeit, um gewarnt zu sein und fliehen zu können. Weshalb die Polizei bei einem gegenwärtigen Angriff mit Sondersignal zum Tatort fuhr, erschloss sich nicht eindeutig und war im Prozess auch nicht zu klären. Dieser Umstand wurde vielleicht verständlich, wenn man wusste, dass ein weiteres Einsatzfahrzeug erst eine Viertelstunde später eintraf und es sich zunächst für die zuerst eingetroffenen Einsatzkräfte um eine völlig unklare Gefahrenlage gehandelt hatte.

Rolf Tucheband wurde für diesen missglückten Banküberfall zu viereinhalb Jahren Haft verurteilt. In seiner Urteilsbegründung erläuterte der Vorsitzende meinem

Mandanten, dass sich strafmildernd die besonders dilettantische Tatausführung ausgewirkt habe.

Mein Mandant flüsterte mir noch während der mündlichen Urteilsbegründung zu, ob er sich so etwas gefallen lassen müsse. Ich zischte nur ein »Pst!« zurück.

Nach der Urteilsverkündung erklärte mir Tucheband seinen Unmutsausbruch: »Das mit der dite… äh, Sie wissen schon, was ich meine. Dass ich mich beim Bruch richtig blöd angestellt habe …«

»Ah«, gab ich zu verstehen, »das mit der dilettantischen Tatausführung?«

»Genau das! Das lass ich mir nicht gefallen. Das muss raus aus dem Urteil!«

»Weshalb denn? Das war die Begründung dafür, dass Sie mal so ein Jahr weniger im Knast sitzen.«

»Dann gehe ich lieber ein Jahr mehr in den Bau. Das müssen Sie sofort veranlassen!«

Die Höhe des Strafmaßes ist für die meisten Täter verständlicherweise von immenser Bedeutung. Zum Zeitpunkt der Urteilsverkündung legte mein Mandant jedoch mehr Wert darauf, ein Urteil zu kassieren, das ihn als einen versierten Verbrecher auszeichnete. Diesen Zahn musste ich ihm schnell ziehen.

»Das können Sie sich nicht aussuchen«, bremste ich ihn in seinen Vorstellungen. »Das Gericht hat die Vorgehensweise in seine Erwägungen über die Höhe des Strafmaßes einbezogen, und Sie haben auch keinen Anspruch darauf, dass das im schriftlichen Urteil rausgelassen wird. Im Gegenteil: Das Gericht ist sogar verpflichtet, die Umstände darzulegen, die für und gegen eine bestimmte Strafe sprechen. Und wenn Sie meine persönliche Meinung hören wollen …«

»Ja, was?«, warf er mürrisch ein.

»… dann würde ich mich als Richter über die dilettantische Tatausführung noch mehr auslassen, wenn ich davon ausgehen könnte, dass ein solches Urteil Sie künftig von der Begehung von Straftaten abhalten könnte. Schließlich müssten Sie befürchten, dass das Gericht Sie beim nächsten vermasselten Coup wieder bloßstellt.«

»So ein Mist!«, schimpfte er. »Das ist eine doppelte Bestrafung. So etwas ist doch verboten, haben Sie selber einmal gesagt. Man darf nicht für ein und dieselbe Tat zweimal bestraft werden. Da müssen Sie unbedingt was machen. Da gehe ich in Revision! Mit so einem Urteil kann ich mich im Knast doch nicht sehen lassen. Die lachen mich doch alle aus. Wissen Sie, Bankraub, das ist schon was im Knast. Aber diesen Unsinn, dass ich mein Handwerk nicht verstehe, das lass ich nicht auf mir sitzen«, regte Tucheband sich auf. »Das ist so, als ob bei richtiger Arbeit ins Zeugnis geschrieben wird: ›Er war ständig bemüht.‹«

Mit Blumen in den Tod

Die Frau vom Gemüsestand

Ulyana, die als russisches Mädchen mit Eltern ukraini-
scher Abstammung nach Tschetschenien in einen der
großen Klans geheiratet und ihrem Mann zwei Kinder
geboren hatte, bevor sie sich scheiden ließen, war in
einem Dorf nahe der Hauptstadt Grosny geblieben. Die
Hoffnung, ihrem Leben noch einmal eine Wendung zu
geben oder der beklemmenden Fürsorge der Familie
ihres früheren Ehemannes zu entweichen, schwand mit
den Jahren. Sie arbeitete an einem Verkaufsstand auf
dem Markt, an dem es Waren gab, die die Familie des
Ex-Mannes auf den Feldern und sonst in ihrer Land-
wirtschaft produzierte.

So schaffte sie es mithilfe der Familie, in die sie der-
einst eingeheiratet hatte, eher schlecht als recht, sich
mit ihren Kindern durchzuschlagen. Sie lebte mit zwei
weiteren Familien des Klans in einem kleinen Haus,
das viele Hände der Familie nach dem Krieg wieder be-
wohnbar gemacht hatten.

Die Wasserversorgung war noch nicht wiederher-
gestellt. Sie holten sich das Wasser an den zentralen
Entnahmestellen. Da, wo die Wasserversorgung nicht
intakt war, funktionierte auch die Abwasserversor-
gung nicht. Behelfsmäßig hatte die Familie sich ein
Trockenklo gebaut. Es war ein kleiner Bretterverschlag,

unter dem eine Grube ausgehoben worden war. Diese Sickergrube wurde zugeschüttet, sobald sie voll war, einige Meter daneben eine neue Grube ausgehoben und das Bretterhäuschen wieder darübergestellt. In den beiden Tschetschenienkriegen wurde in wenigen Jahren so viel zerstört, dass die Wiederaufbauleistungen Jahrzehnte in Anspruch nehmen würden.

Sie war der Familie ihres Ex-Mannes für die Unterstützung dankbar, obwohl ihre Stellung denkbar schwierig war: Sie war Russin und spürte täglich die Vorbehalte, die die tschetschenischen Klan-Mitglieder ihr gegenüber hatten. Dann hatte sich ihr Mann wegen einer anderen Frau, mit der er auch nicht mehr zusammenlebte, scheiden lassen, war aus Tschetschenien geflohen, weil er angeblich den Kampf gegen die Russen unterstützt hatte, und suchte nun irgendwo auf der Welt sein Glück. Das mit der Unterstützung der Russen nahm ihm keiner aus der Familie so richtig ab. Sie wussten sehr wohl, dass er sich mit Gaunereien und kleinen kriminellen Geschäften über Wasser zu halten versuchte. Seine Prahlereien von Verhaftung und Folterung durch die Russen nahmen ihm insbesondere die Klan-Mitglieder übel, deren Angehörige im Krieg umgekommen oder schwer verletzt worden waren. Ulyana selbst hatte sich um Abdulbek, einen der vielen Cousins des Mannes, gekümmert, der während des zweiten Tschetschenienkrieges schwer verwundet in einem der wenigen intakten Krankenhäuser in Grosny lag, dem Republikskrankenhaus Nr. 9.

Das Letzte, was sie von ihrem Ex gehört hatte, war, dass er in Polen Asyl beantragt haben sollte. Immerhin bekäme er dort mehr staatliche Unterstützung, als seine Frau hier verdiente, meinte Abdulbek. Ihre Kinder jedoch wurden trotz der Scheidung als ein Teil der Familie angesehen. Sie würden nie hungern oder Not leiden müssen.

Ulyanas einziger Vermögenswert war ein altes, großes Handy, das sie immer unter ihrem Kleid trug. Selbst
die Nachbarn an den Ständen auf dem Markt belustig-
ten sich darüber, meinten, dass sie eine Telefonzelle bei
sich trüge. Ulyana hatte ein kleines Guthaben für den
Vertrag, so dass sie bei der Familie Waren nachordern
oder sich melden konnte, wenn es irgendwelche Schwierigkeiten gab.

Die früheren tschetschenischen Werte waren im Verlaufe der Kriege verloren gegangen. Als einstige Frau
eines Tschetschenen grämte es sie, dass viele Menschen
dieses stolzen Volkes durch die Kriege in alle Winde
zerstreut wurden und ihren Unterhalt durch kriminelle
Machenschaften verdienten.

In Tschetschenien selbst war das Eigentum immer
geachtet worden. Sogar die verlassenen Häuser derje-
nigen, die geflohen oder ins Ausland verzogen waren,
wurden trotz der Wohnungsnot nie von einem anderen besetzt. Auch wenn erst jemand aus einer Gene-
ration weiter zurückkehren würde, konnte er gewiss
sein, dass er sein Elternhaus unversehrt vorfände. Erst
langsam besannen sich die Menschen hier wieder auf
diese Werte.

Wenn Ulyana ihre Schwester Ljudmila im fernen
Moskau anrufen wollte, sendete sie eine kurze Nachricht. Sobald die Schwester Zeit hatte, rief sie immer
zurück. So konnten die beiden Schwestern, deren Eltern
zeitig verstorben waren, den Kontakt halten; sie telefonierten viel miteinander.

Ulyana stand bei Wind und Wetter mit ihrem langen
schwarzen Kleid, einer dunklen Schürze und bedeckt
mit einem grauen Kopftuch am Marktstand. Frauen in
Hosen, wie in Moskau oder in den westlichen Ländern,
waren hier überhaupt nicht zu sehen. Sie verkaufte Kar-
toffeln, Gurken und Tomaten. Auch waren manchmal

ein paar Gläser Honig dabei, wenn über den Bedarf der Familie produziert werden konnte.

Während der Arbeit auf dem Markt war ihr plötzlich schwindelig geworden. »Ein drittes Kind kann es nicht sein«, war ihr erster Gedanke. Einen Freund hatte sie seit der Trennung nicht wieder gefunden. Den Annäherungsversuchen eines verheirateten Kunden, der sich immer wieder nach Honig erkundigte, obwohl keiner auf den Holzbrettern des Standes zu sehen war, hatte sie bisher widerstanden. Den Gedanken, sich mit diesem Mann einzulassen und auf diesem Wege ihrem Schicksal vielleicht eine Wendung zu geben und der Obhut des Klans zu entkommen, verwarf sie so schnell, wie er ihr in den Sinn gekommen war.

Ulyana setzte sich auf einen kleinen hölzernen Schemel. Dann wurde es dunkel um sie herum.

Als sie erwachte, lagen rechts und links neben ihr je zwei Frauen in den stählernen Betten, deren weiße Farbe großflächig abgeplatzt war. Das Geld für neue Betten oder etwas Farbe, um sie etwas ansehnlicher zu gestalten, war nicht vorhanden.

»Wo bin ich?«, wollte sie von einer Frau wissen, die mit offenen Augen und ihr zugewandt im benachbarten Bett lag.

»Im Krankenhaus Nr. 9«, kam es zur Antwort.

»Ach so.« Ja, dieses Krankenhaus war ihr wohlbekannt. Dass sie selbst einmal hier liegen würde, war ihr nie in den Sinn gekommen. Hier hatte sie während des Krieges Abdulbek besucht. Die langen Märsche von den Außenbezirken durch die Trümmer der Innenstadt waren ihr noch in guter Erinnerung. Ein Großteil der Infrastruktur und das gesamte Straßenbahn- und Trolleybusnetz waren durch die Kriegshandlungen zerstört worden. Ihre zweite Frage galt ihren Kindern.

»Die sind wohlbehalten bei der Familie«, meinte die Bettnachbarin freundlich. »Du hattest hier Besuch von einem Mann.«

»Abdulbek?«

Erst leuchteten die dunklen, alten, müden Augen kurz auf, bevor die andere Patientin verschämt nickte.

»Ein Verwandter«, erklärte Ulyana schnell.

»Ein stattlicher Mann«, ergänzte die andere.

»Sie können von Glück sagen, dass Sie mit Ihrer Herzerkrankung bei uns gelandet sind«, erklärte ihr der Arzt wenig später. »Wir sind das einzige Krankenhaus im Land, das solche Eingriffe machen kann.«

Ulyana schüttelte den Kopf. »Warum ich?«

Der Arzt sah sich die Frau an. »Das fragt sich jeder. Aber was soll ich darauf antworten? Sind Sie gläubig?«

»Nicht sehr. Aber die Familie meines Mannes.«

»Oh, ich dachte, Sie sind alleinstehend.«

»Meines Ex-Mannes.«

»Ach so. Ja also, so etwas kann jeden treffen. Es kann angeboren sein oder die Folge einer anderen entzündlichen Erkrankung. Wir werden die Herzklappe operieren müssen. Ich hoffe, dass wir mit einer Rekonstruktion der Herzklappe hinkommen.«

»Hier?«, fragte die junge Patientin zweifelnd.

»Wie gesagt: Wir führen Herzklappenoperationen durch. Aber die Warteliste ist lang. Aber auch die medizinische Versorgung wird hier beständig besser.« Nun klang die Stimme des Arztes nicht mehr so überzeugend.

Die junge Frau nickte stumm. Ihr war, als wäre das hier alles ein schlechter, böser Traum.

Hätte jemand gefragt, wie sie zwei Tage später nach Hause gekommen war, hätte sie keine Antwort darauf geben können. Ulyana hatte sich wie in Trance durch die Straßen bewegt und die Menschen, die ihr begegneten, nicht wahrgenommen. Sie hatte wie früher, als sie Abdulbek besuchte, den ganzen Weg zu Fuß zurückgelegt. Jetzt, wo sie wusste, dass sie herzkrank war, spürte sie den Leistungsabfall ganz deutlich. Sie wurde schnell kurzatmig und musste viele Pausen einlegen. Dennoch brauchte sie die Zeit, die sie für den Weg benötigte, für sich. Bei aller Sorge um ihre Gesundheit bewegte sie am meisten der Gedanke an ihre Kinder: Wie sollte deren Zukunft aussehen?

Ein neues Herz

»Anjuschka, es ist etwas Schlimmes passiert«, meldete sich Ulyana telefonisch am Abend bei ihrer Schwester in der russischen Hauptstadt. Sie berichtete ihr, dass eine Herzklappenerkrankung diagnostiziert worden sei und sie auf eine Operation lange warten müsse. Sie bekomme derzeit Medikamente, die aber nur wenig halfen. Um die Familie des Ex zufriedenzustellen, ginge sie dennoch zum Markt, um die Waren feilzubieten.

Ihre ältere Schwester begann zu weinen. »Schätzchen, du darfst mich nicht auch noch verlassen. Wir beide sind doch schon allein auf dieser Welt.«

»Noch bin ich ja nicht tot.«

»Und deine Kinder?«

»Die sind zu klein. Die wissen davon nichts.«

»Fahre doch nach Deutschland oder Amerika, um dich behandeln zu lassen.«

»Pah, und wer bezahlt das? Ich habe quasi kein Geld für mich.«

»Und dein Ex?«

»Der zahlt doch nicht einmal für die Kinder. Vergiss es einfach!« Jetzt begann auch Ulyana zu weinen.

»Beruhige dich doch, Kleines. Mein Mann und ich werden eine Operation im Ausland auch nicht bezahlen können. Ein wenig Erspartes und auch ein paar Hundert Euro oder auch einen Tausender haben wir schon. Aber das wird nicht reichen.«

»Hier wird mir auch keiner helfen können.«

»Oder etwas ganz anderes …« Die Stimme der älteren Schwester wurde ruhiger.

»Wie meinst du das, Schwesterchen?«

»Ein neues Herz.«

»Quatsch! Ich möchte nicht, dass meinetwegen ein anderer Mensch stirbt oder leidet.«

»Das wird keinem Menschen herausgerissen, du Dummerchen.«

»Aber dann haben doch sicher andere einen Anspruch darauf.«

»Anspruch, dass ich nicht lache! Einen Anspruch hat der, der das Herz bekommt … Der alte Rockefeller hat schon sein siebentes oder achtes Herz und ist schon über einhundert Jahre alt. Wer die Macht und das Geld hat, der lebt länger. So einfach ist das!«

»Von wem sprichst du?«

»Na von dem amerikanischen Milliardär aus dem Rockefeller-Klan. Eine der reichsten Familien der Welt … Es wird Zeit, dass du aus deinem Dorf rauskommst, Liebes. Du verödest dort völlig. In deinen schwarzen baumwollenen Kleidern, völlig auf altes Weib gemacht. Du bist erst vierzig.«

»Nein, nein. Ich bin hier glücklich.«

»Und bald tot, wenn du so weitermachst!«

»Lass uns nicht streiten! Du bist der einzige Mensch, mit dem ich darüber reden kann.«

Nach einer kleinen Pause wollte Ulyana dann doch wissen, wie ihre Schwester das mit dem Herz meinte.

»Wir haben in der nächsten Woche ein Klassentreffen.«

»Was habt ihr?«

»Ein Klassentreffen! Hörst du mir nicht zu?«

»Ja, das habe ich schon verstanden. Nur was hat meine Krankheit mit deinem Klassentreffen zu tun?«

»Warte doch ab! Das will ich dir gerade erzählen … Ich hatte doch in meiner Klasse diesen unangenehmen Typen, du weißt schon, Artjom.«

»Erinnere mich bloß nicht an den. Der ist mir nachgestiegen.«

»Aljoscha gehört eines von den ganz teuren Restaurants in Moskau. Du weißt schon, eines von denen, in die wir nie gehen würden. Da kostet der Nachtisch so viel, wie ich im Monat verdiene. Und Aljoscha hat uns dahin eingeladen.«

»Und was hat das mit Artjom zu tun? Der wird doch nicht dabei sein, oder? Der ist doch von der Schule geflogen.«

»Ist er. Aber er wird trotzdem dabei sein. Er wird der zweite Mann sein, der sich an den Kosten des Klassentreffens beteiligt. Und es hat sich herausgestellt, dass er und mein Mann in der Schulzeit miteinander befreundet waren. Er verdient die Masse seines Geldes auf nicht legalem Weg. Du verstehst schon.«

»Damit möchte ich aber nichts zu tun haben«, unterbrach Ulyana ihre ältere Schwester.

»Der hat Verbindungen, sag ich dir. Und wenn der in deinem Fall was arrangieren kann, dann ist das doch etwas Gutes.«

»Mit dem möchte ich mich aber nicht einlassen und mag ihm auch nichts schulden, auch keinen Gefallen.«

»Willst du lieber sterben? Denk doch an deine Kinder!«

Plan B

Das Klassentreffen führte Ulyanas ältere Schwester in eine andere Welt. Ein gepflegter Mann in einer Livree begleitete sie im gediegenen Restaurant ein Stockwerk höher. Sie traten auf Marmorstufen, die aussahen, als ob ihnen die Jahrhunderte nichts hatten anhaben können. Der Handlauf des Treppengeländers war aus edlem Holz gearbeitet, das Geländer ein Werk von filigraner Schmiedekunst.

Der Bedienstete hatte ihren Mantel über den Arm gelegt und erklärte treppensteigend: »Wenn Sie Schluss machen, ist die Garderobe unten schon geschlossen. Der Chef hat gesagt, dass Sie bis in den Morgen feiern werden.«

»Gut möglich«, gab Ljudmila in einem Ton zurück, der teils Neugierde und teils Freude verriet. Sie sah nach oben und konnte alte Bleiglasfenster erkennen, die den Rest des Lichtes des sich neigenden Tages in den Flur warfen.

Der Mann in der Livree hängte ihren Mantel in einem Vorraum des Saales an einen Garderobenständer, der in seiner Art dem Treppengeländer entsprach, und verbeugte sich, bevor er ging.

Ljudmila blickte in den alten, an den Seiten leicht blinden Spiegel, der oberhalb eines kleinen Tisches hing, und befand, dass sie bereit war, sich in das Gedränge zu stürzen. Auf dem Tischchen stand ein benutzter Teller mit Krümeln und einem schmutzigen Besteck darauf. Offensichtlich hatte hier jemand vergessen abzuräumen. Der Mann in der Livree hatte den Teller nicht gesehen oder nicht sehen wollen. Sie ärgerte sich darüber. Das war mal wieder typisch: Ein altes, hochherrschaftliches Haus, das mit großem Aufwand wiederhergerichtet war, und schon begannen erneut die Unachtsamkeiten. Sicher, der Teller störte nicht erheblich, aber er gehörte hier nicht her. Sie hätte wetten können, dass er auch noch dort stehen würde, wenn ihre Feier vorbei war. Jedoch achtete sie am Ende des Treffens nicht mehr darauf. Die Gespräche und das, was sie für Ulyana in Erfahrung bringen konnte, wühlten sie so auf, dass sie beim Hinausgehen mit ganz anderen Gedanken beschäftigt war.

Die Feier geriet dann doch recht klein: Von den dreißig früheren Schülern waren elf anwesend. Lena, die die Buchhaltung für Aljoschas Restaurantkette erledigte, ließ wissen, dass sie etwa zwanzig Schüler hatte ausfindig machen können. Von einigen sei bekannt, dass sie nach Israel oder in die USA ausgewandert seien oder zumindest dort arbeiteten. Einige der Ehemaligen sagten gleich ab, andere ließen es offen. Lena und Aljoscha waren sich erst in den letzten Schultagen nähergekommen. Ulyanas Schwester staunte, als sie hörte, dass die beiden nun schon seit fast zwanzig Jahren ein Paar sein sollten.

Artjom, der Mann, dem nachgesagt wurde, dass er weiterhin kriminellen Geschäften nachgehe, meinte, dass man auch die Spuren der noch nicht wiedergefundenen Schüler entdecken könnte; das sei nur eine Frage der Zeit und des Geldes, die man in die Suche investieren müsste.

Ulyanas Schwester unterhielt sich zu fortgeschrittener Stunde recht offen mit Artjom über die Möglichkeit, ein Herz zu beschaffen.

»Da musst du aber tief in die Tasche greifen, Kleines.«
»Weshalb?«
»Unter 200 000 Dollar läuft da gar nichts.«
»Das ist eine Stange Geld.«
»Deshalb gibt es das Geschäft doch auch. Ähnlich viel kann man nur mit Waffen oder Drogen verdienen.«

»Und wo findet die OP statt?«

»Keine Ahnung!«

»Ich denke, du handelst mit so was. Da musst du das doch wissen!«

»Ich arbeite in einer anderen Branche. Aber den Kontakt, den könnte ich schon vermitteln.«

Immer mehr Gäste hatten dem Gespräch der beiden gelauscht. Eine Mithörerin erkundigte sich, ob es nicht gefährlich sei, so etwas hier in der Öffentlichkeit zu besprechen. Artjom blickte die Fragende an und fragte seinerseits: »Für wen?« Als eine bedrückende Stille eintrat, wiegelte Artjom ab: »Ach, wo denkst du hin! Ich gebe doch hier nur an. In Wirklichkeit habe ich keine Ahnung davon. Trinken wir noch einen.«

Die beiden Schwestern telefonierten alsbald nach der Feier miteinander.

»Eigentlich bin ich erleichtert, dass wir uns das nicht leisten können. Ich hätte immer ein schlechtes Gewissen gehabt.«

»Quatsch. Dafür würdest du weiterleben.«

»Das mach ich doch auch so. Und wer weiß, vielleicht gibt es bald die Möglichkeit einer Operation.«

»Träume du mal weiter … Aber Artjom hat mir für deinen Fall eine andere Lösung aufgezeigt. Wir haben also einen Plan B.«

Entsetzt rief Ulyana »Was?« ins Telefon.

»Du brauchst keine Angst zu haben. Das ist fast alles legal.«

»Fast?«

»Artjom meinte, dass du dich mit deinen Kindern doch gut als tschetschenische Flüchtlinge ausgeben könntest.«

»Das möchte ich aber nicht. Und wofür wäre das gut?«

»Dann könntest du erst einmal nach Polen. Da stellst du einen ersten Asylantrag. Dann hast du so etwas wie ein Bleiberecht. Du bekommst vorläufige Papiere und eine Bescheinigung, dass dein Pass eingezogen ist. Das sind offizielle Dokumente, und das geht in Polen sehr schnell. Dann kannst du schon nach wenigen Tagen weiter.«

»Wie weiter?«

»Das ist es doch, worum es hier geht. Du willst doch nach Deutschland zur Behandlung. Von Polen aus könntet ihr nach Deutschland geschleust werden, um …«

»Weshalb geschleust?«

»Da habe ich doch keine Ahnung von, Kleines. Aber es soll so sein, dass es eigentlich nicht geht, in Deutschland einen Asylantrag zu stellen, wenn man vorher durch ein anderes EU-Land gereist ist, oder so ähnlich. Deshalb musst du nach Deutschland geschleust werden. Artjom kennt sich da besser aus. Ich habe mir das alles nicht so genau gemerkt.«

»Finde ich ja komisch. Sind da rundherum nicht alles EU-Staaten? Dann dürfte es doch in Deutschland gar keine Flüchtlinge geben.«

»Ich hab dir doch gesagt, dass ich mir das alles nicht so genau gemerkt habe … Jedenfalls ist es so, dass du über Polen nach Deutschland geschleust werden müsstest; natürlich mit den Kindern. Wenn du dann erst einmal in Deutschland bist, kannst du dort einen neuen Asylantrag stellen. Die Deutschen könnten dich zwar abschieben. Machen es aber nicht, wenn du erst einmal da bist, weil du im Falle einer Abschiebung nach Polen nach einer Woche sowieso wieder da wärst.«

»Wenn das so leicht ginge, dann würden das doch ganz viele machen«, zweifelte Ulyana die Aussagen ihrer älteren Schwester an.

»So leicht finde ich das nicht. Die Schleusung nach Deutschland kostet 1200 Euro, und ein Strafverfahren bekommt man wegen der illegalen Einreise obendrauf. Man muss nur schneller operiert werden, als man wieder abgeschoben wird. Mit viel Glück hat aber das Asylverfahren in Deutschland sogar noch Erfolg.«

»Und weshalb das jetzt wieder? Mir ist das alles zu hoch.«

»Jammere nicht. Du kannst Glück haben, weil du Muslima geworden bist. Du kannst dich auf das radikale Vorgehen der Russen gegen Muslime in Tschetschenien berufen.«

»Das möchte ich nicht. Ich werde doch nicht verfolgt.«

»Das ist so ein politisches Ding. Lass mal, das verstehst du nicht.«

»Das hört sich dann doch alles nicht so einfach an. Und 1200 Euro habe ich auch nicht.«

»Das ist doch viel weniger, als wir für ein Herz ausgeben müssten. Hör mal, ich habe schon mit meinem Mann gesprochen. Die 1200 Euro bekommst du von uns.«

Ulyana schwieg.

»Du bist meine einzige Schwester. Ich muss doch für dich sorgen. Du kommst mit den Kindern her nach Moskau. Das Geld für die Reise schicke ich dir. Ich habe von Artjom die Handynummer eines Mannes, den ich anrufen soll, wenn es so weit ist.«

Ljudmila nahm den Kontakt zu dem Mann auf, der ihr den Kontakt zu einem weiteren Mann vermittelte, der sich Kolja nannte; es war der Fahrer eines Kühltransporters, der Schnittblumen von Polen nach Deutschland brachte.

Dieser »Kolja« war der Polizei kein Unbekannter. Zu mehreren seiner Handynummern liefen in Polen und

Deutschland technische Überwachungsmaßnahmen. So war der Polizei nun bekannt, dass neben anderen auch eine Ulyana mit ihren beiden minderjährigen Kindern nach Deutschland geschleust werden sollte. Das Telefonat vom 11.04. um 14.53 Uhr lief nach dem Inhalt des »TKÜ-Sonderbandes III«, Blatt 443 ff. wie folgt:

»Hallo!«

»Guten Tag, ich rufe wegen meiner Schwester an. Auf Vermittlung von …«

»Schon gut, schon gut, ich weiß Bescheid. Die Moskauer Sache. Es geht um einen großen Strauß und zwei kleine, ja?«

»Wie bitte?«

»Es ist wichtig, dass die Blumen richtig eingepackt sind. Es ist ein Kühltransporter.«

»Ach so. Ja.«

»Du verstehst?«

»Ja. Jetzt ja. Wie kalt?«

»Keine Tiefkühlung, aber vier bis sechs Grad hat er schon. Die müssen ja mehr als einen Tag durchhalten.«

»Das ist schon heftig. Aber das müssten sie packen … Und wie kommt ihr zusammen?«

»Ganz einfach. Du gibst Bescheid, wenn die Blumen auf Reise gehen. Im polnischen Großhandelslager für diese Blumensorte haben wir Ansprechpartner. Die werden sich um die Blumen kümmern und alles in die Wege leiten. Da kommen immer noch ein paar mehr Blumen dazu, bei denen es nicht so organisiert ist wie bei dir.«

»Aha.«

»Wichtig ist das Geld für den Blumentransport. Das ist in bar und per Vorkasse am Ort zu zahlen. Sonst kommen die Blumen nicht mit.«

»Und du bringst sie in den Blumenladen.«

»Das ist kompliziert.«

»Wie?«

»Da ruf besser den Großhändler an, der dir meine Nummer gegeben hat. Es gibt Blumen, die gehen an Zwischenhändler. Kommt drauf an, was man mit ihnen bezweckt.«

»Ich rufe besser beim Großhändler an.«

Beschwerliche Reise

Die ältere Schwester lud Ulyana nach Moskau ein, um ihr das Geld für die Schleuser zu übergeben; sie spendierte auch die Flugtickets. Seit sie in Tschetschenien lebte, war die jüngere Schwester nicht mehr geflogen. Der zehnjährige Sohn und die vierjährige Tochter bestiegen zum ersten Mal in ihrem Leben ein Flugzeug.

Den Flughafen Moskau-Scheremetjewo hatte Ulyana völlig anders im Gedächtnis. Damals starteten und landeten Flugzeuge aus aller Herren Länder. Nun waren überwiegend Aeroflot-Maschinen zu sehen. Sie wertete das als Zeichen der amerikanischen Politik der Isolierung Russlands.

Die Schwester holte sie und die Kinder vom Flughafen ab. Die Tage in Moskau waren für sie eine Erinnerung an frühere, bessere Zeiten.

»Dann bleibe ich mit den Kindern eben hier«, überlegte Ulyana gegenüber ihrer Schwester laut.

»Und dein Herz, Schwesterchen? Das hier ist immer noch eine riesige Stadt, und Menschen aus dem ganzen Land kommen in die Krankenhäuser nach Moskau, um behandelt zu werden. Wer weiß, wie viel Tausend Patienten hier auf eine Herz-OP warten! Dann ist es vielleicht zu spät.«

»Du hast ja recht. Es ist nur …«

»Schwesterchen, das muss doch nicht das Ende der Reise sein in Deutschland. Lass dich erst operieren, und dann schauen wir weiter. Du siehst ja, hier ist wenig Platz. Aber wir finden schon was für dich. Werd erst einmal wieder gesund.«

Die Schwester lebte zusammen mit ihrem Mann in einer Wohnung in Moskau, die sie sich mit einer anderen Familie teilte. Dies war bei der Wohnungsknappheit keine Seltenheit; die Menschen hier hatten sich daran gewöhnt. Menschen aus dem ganzen Land zog es bei ihrer Suche nach etwas Glück und in der Hoffnung auf ein besseres Leben in die Hauptstadt.

Einige Tage später ging Ulyanas Reise mit ihren beiden Kindern und 1300 Euro in der Tasche weiter. Mit ihrem Pass und der Bahn gelangte sie über Weißrussland bis an die polnische Grenze. Bei den polnischen Behörden sollte sie sagen, dass sie einen Asylantrag stelle und mit ihren Kindern aus Tschetschenien hatte flüchten müssen. Sie und die Kinder wurden in das Flüchtlingslager in Łomża aufgenommen. Zu Beginn des Asylverfahrens wurde ihr der Pass abgenommen und darüber eine Bescheinigung ausgestellt. Daneben erhielt sie ein weiteres Dokument, welches sie nur zum Aufenthalt in Polen berechtigte.

Gleich einen Tag später wurde sie von einem Einheimischen angesprochen. Er nahm sie zur Seite und bedeutete ihr, dass sie mit dessen Handy telefonieren solle. Ulyana wusste nicht recht, ob dies nun zu dem Plan gehörte, den ihre Schwester ihr eingebrockt hatte, oder was der Mann sonst von ihr wollte. Er wählte eine Nummer und gab ihr das Handy.

»Hallo, hier ist Kolja«, sagte der Mann in ihrer Sprache.

»Hallo, ich bin Ulyana.«

»Ich weiß.«

»Morgen geht es los mit dem Blumentransport.«

Die Schwester hatte berichtet, dass der Mann immer von Blumen sprach, und Ulyana verstand, was er meinte, auch wenn sie von der ganzen Situation überfordert war. Sie sagte nur kurz: »Gut.«

»Der Preis für den Blumentransport muss gleich gezahlt werden. Sonst nehmen wir die Blumen nicht mit.«

»Ich weiß.«

»Nehmen Sie ausreichend Wasser mit, sonst vertrocknen die Blumen. Und gut einpacken, wegen der Kälte. Also morgen Abend pünktlich um 19.00 Uhr an der Tankstelle in der Nähe Ihrer Unterkunft. Wir können nicht lange warten. Wenn Sie nicht da sind, fahren wir weiter, sonst welken die anderen Blumen.«

Auch dieses Telefonat war den Behörden sofort bekannt geworden. Sobald die Übersetzung des Gesprächs vorlag, stimmten sich die Polizisten in Polen und Deutschland hinsichtlich der Details der Zugriffe ab. In Polen wollte man den lange geplanten Einsatz gegen die international tätige Schleuserbande auch mithilfe von Kameraleuten des Fernsehens dokumentieren.

Ulyana wartete am folgenden Abend an der Tankstelle. Nun begann es auch noch zu nieseln. Sie war mit den Kindern so zeitig losgegangen, dass sie es nicht zum Abendbrot in der Flüchtlingsunterkunft geschafft hatten. Ihre Reisevorbereitungen bestanden darin, dass sie schon beim Frühstück so viel Brot wie möglich mitnahmen und später Leitungswasser in gebrauchte Plastikflaschen füllten. Sie hatte die Kinder und sich zwar warm angezogen, aber dagegen, dass es nieselte und die Feuchtigkeit langsam bis an die Haut kroch, konnte sie nichts tun. Anfangs stellten sie sich noch unter die

Überdachung in der Nähe der Zapfsäulen. Sie wollte jedoch nicht zu sehr auffallen und suchte sich ein wenig abseits einen Platz, von dem aus sie den Betrieb an der Tankstelle beobachtete. Es war fast 20 Uhr, als ein großer weißer Kühltransporter mit bunten Bildern von Schnittblumen an den Seiten auf den Parkplatz fuhr.

Der Fahrer verlangte von ihr gleich 1200 Euro, die sie ihm auch gab. Er öffnete die seitliche Ladetür, und die Kälte der Kühlanlage schlug ihnen entgegen. Im Innenraum waren tatsächlich Blumen gelagert. Der Fahrer half der kleinen Tochter und dem Jungen hinauf. Die Kälte verwandelte ihren Atem schnell in kleine weiße Wölkchen. Mit einer Taschenlampe ging er voran und sprach in russischer Sprache, dass sie vorsichtig sein sollten. Der Fahrer entriegelte Regale, die gefüllte Vorrichtungen für den Versand von Schnittblumen enthielten, bis er diese aus den Schienen am Boden heben konnte. Dann hantierte er einige Zeit an der Stirnseite des Innenraums und nahm schließlich eine weiße Platte mit den Maßen 50 mal 50 Zentimeter heraus.

Ein Stimmengewirr, so kam es Ulyana zumindest vor, erscholl und eine Gestankwolke aus Urin und Erbrochenem breitete sich aus. Der Fahrer drückte unwirsch ein paar Köpfe zurück, die wie aus einem dunklen Loch erschienen waren, und mahnte zur Ruhe. Da die Frauen seine Sprache nicht verstanden oder ihn nicht verstehen wollten, zischte er »Psst!« und drohte mit der Faust. In schlechtem Englisch versuchte er, sich verständlich zu machen: »We are standing on a gasstation. Many people are here. When you go outside, the police are coming and bring you in prison and back to Rumania.«

Ulyana schwante, was ihren Kindern und ihr bevorstand. Dass es noch viel schlimmer werden könnte als in ihren schlimmsten Träumen, das ahnte die Frau, die

Krieg, Tod und Elend unmittelbar erlebt hatte, dennoch nicht. Sie half erst ihren Kindern dabei, in das Versteck zu klettern. Danach zwang sie sich durch die kleine Lücke in einen winzigen Raum. Es war dunkel und kalt. Der Fahrer presste die Platte hinter ihnen wieder in die Wand; nun umgab sie völlige Finsternis. Erst als der Mann draußen seine Arbeit zum Verschließen des Verstecks beendet hatte, nahm sie wahr, dass ein winziges Lämpchen von der Decke hing.

Als das Auto Minuten später anfuhr, presste sich Ulyana an die Wand und umklammerte ihre Kinder. Jemand stürzte auf sie, die Kinder und mehrere Frauen begannen zu schreien. Durch die Fahrt wurden alle so hin und her geschüttelt, dass Ulyana ständig an andere Frauen gepresst wurde, deren Sprache sie nicht verstand. Sie hockte sich auf den Boden, ihre Kinder rechts und links daneben. Je kälter ihnen wurde, desto enger pressten sie sich aneinander.

Nach einigen Stunden, Ulyana hatte keine Uhr, wimmerte eine Frau: »Toilet, toilet …«

Wenig später nahm sie erneut den Gestank von Urin wahr und stellte sich gleich wieder an die Wand. Beide Kinder quengelten, wollten essen, trinken und waren übermüdet, ohne in den Schlaf zu finden. Eine Frau in ihrer unmittelbaren Nähe begann zu weinen. Noch später, als Ulyana und ihre Kinder ihre wenigen Vorräte erst geteilt und dann längst aufgezehrt hatten, klopfte eine Frau schreiend an die Stirnseite des Laderaums, ohne dass sie dadurch ihre Situation verändern konnte.

Nach schier endloser Fahrt, während der Ulyana und auch ihre Kinder immer mal wieder in den Schlaf gesunken waren, verlangsamte das Fahrzeug das Tempo. Plötzlich holperte der Lkw auf unwegsamem Gelände, und nach ein paar Minuten ging der Motor aus. Alle warteten in höchster Anspannung. Dann hörte Ulyana

Stimmen. Jetzt verstand sie, warum die Frauen nicht schon Lärm gemacht hatten, als sie und ihre Kinder zugestiegen waren. Zwar sehnte sie sich nach frischer Luft, Licht und danach, ihre Notdurft verrichten zu können, aber sie wusste nicht, wer da draußen zu welchem Zweck an dem Zugang zum Versteck herumbaute.

Als die Platte geöffnet wurde, drängten die Insassen in Richtung der Luke. Ulyana ging mit ihren Kindern voran. Draußen war es so hell, dass es den Augen wehtat. Aber es gab frische Luft, und es war wärmer als in dem gekühlten Raum, sehr viel wärmer. Sie standen am Rande eines Waldwegs. Die Frauen strömten in den Wald, um ihre Notdurft zu verrichten. Neben dem Fahrer stand ein anderer Mann. Es stellte sich heraus, dass es der Beifahrer war. Die Männer reichten den Kindern und Frauen Kekse und Wasser. Die Frauen schimpften, ohne die Antworten der Männer zu verstehen. Ulyana bekam durch den russisch sprechenden Fahrer mit, dass die Schleuser das Gefühl hatten, verfolgt zu werden, und deshalb keinerlei Risiko eingehen wollten. Für den Fall, dass sie geschnappt werden würden, müssten sie mit langen Haftstrafen rechnen. Dies sowohl hier in Polen als auch in Deutschland.

Der Fahrer erklärte Ulyana, dass sie sich circa eine halbe Stunde vor der deutsch-polnischen Grenze befanden. In ein paar Stunden würden südlich von Berlin die ersten der rumänischen Frauen von einem anderen Fahrzeug in Empfang genommen werden.

Als die Fahrt weitergehen sollte, weigerten sich einige der Frauen, in das kalte, dunkle, stinkige Loch zurückzukrabbeln. Nachdem auch lautes Zureden und Stoßen nicht half, begannen die Männer, die ersten Frauen zu schlagen. Eine der Frauen versuchte, in den Wald zu fliehen. Der Mann Beifahrer lief der Frau hinterher. Kurz darauf hallten ihre Schreie durch den Wald.

Wenig später setzten sie ihre Fahrt unter den quälenden Bedingungen fort. Plötzlich schlingerte das Auto. Irgendwie fing der Fahrer das Gefährt ab und beschleunigte das Tempo auf einmal derart, dass die Kinder und Frauen hin und her geschleudert wurden. Sie stießen aneinander und an die Wände ihres kleinen Gefängnisses, verletzten sich und begannen zu schreien und zu weinen.

Was die Frauen nicht wissen konnten: Es war der Tag, an dem Festnahmen und Durchsuchungen in Dutzenden Wohnungen und Büros in Polen und Deutschland geplant waren, um die international tätige Menschenhändlerbande zu zerschlagen. Der Blumentransporter, der in den Telefonaten auch immer als solcher benannt worden war, war nicht das einzige Fahrzeug, das ins Visier der Fahnder geraten war. Es gab andere Lkw, auch Busse, Kleintransporter und Pkw, die zur Schleusung von Menschen genutzt wurden. Die meisten der Bandenmitglieder waren sowohl einschlägig wie auch wegen der Begehung anderer Taten vorbestraft. Im ersten Angriff war die Festnahme von elf Bandenmitgliedern geplant, darunter Kolja und sein Beifahrer.

Gleich nachdem der Blumentransporter die Grenze überquert hatte, war das von der polnischen Polizei beobachtete Fahrzeug von den deutschen Bundespolizisten ins Visier genommen worden. Ein ziviles und ein blau-silbernes Fahrzeug mit der Aufschrift »Polizei« nahmen die Verfolgung auf. Weitere Polizeiwagen standen an der nächsten Autobahnauffahrt bereit. Als Kolja das zum Überholen ansetzende Polizeifahrzeug im Rückspiegel sah, musste er sich zur Ruhe zwingen. Er blickte stur geradeaus, als das Fahrzeug neben ihnen fuhr, und versuchte, es auch nicht sonderlich zu beachten. Dann jedoch setzte es sich vor seinen Lkw. Das Blaulicht wurde eingeschaltet, und die Worte »BITTE FOLGEN« leuchteten in greller roter Farbe auf. Kolja trat das Gaspedal durch und riss das Fahrzeug auf die linke Straßenseite. Der Lkw geriet ins Schlingern. Dem Fahrer gelang es noch einmal, das Fahrzeug wieder auf die spur zu bringen.

Die Polizisten, die sofort mitbekamen, dass der Blumentransporter sie nun überholen und nicht ihrer Weisung Folge leisten wollte, beschleunigten ebenfalls.

Schon war das Schild zu sehen, das die Reduzierung der Geschwindigkeit auf 100 km/h gebot. Dieses ignorierte der Fahrer genauso wie die folgenden Schilder, mit denen zur Kontrolle der Fahrzeuge das Tempo auf 80, dann 60 und schließlich 40 km/h begrenzt werden sollte. Die vor ihm immer langsamer werdenden Fahrzeuge machten Koljas Entschluss zunichte, einfach ohne Rücksicht auf Polizisten oder etwaige Sperrungen weiterzufahren.

Er zog an der Ausfahrt, an der zwei weitere Einsatzwagen der Polizei mit Blaulicht auf den Blumentransporter warteten, das Fahrzeug plötzlich stark nach rechts, streifte dabei einen anderen, neben ihm fahrenden Lkw, verlor die Kontrolle, schoss in die Leitplanke der Autobahnabfahrt und durchbrach sie.

Die entsetzten Beamten, die ein solches Verhalten trotz Hunderter ähnlicher Festnahmen noch nie erlebt hatten, konnten nur noch zusehen, wie der Lkw die Böschung hinabkullerte und Seitenteile des Aufliegers durch die Luft flogen, gefolgt von Blumen jeder Farbe und Größe.

Unter den bei diesem tragischen Unfall getöteten Personen befand sich Ulyana, die nach Deutschland gereist war, um gesund zu werden.

Kolja verstarb noch am Unfallort. Sein Beifahrer musste sich nach dessen Genesung im Haftkrankenhaus mit neun weiteren Komplizen wegen gewerbsmäßigen und bandenmäßigen Menschenhandels in einem Strafverfahren vor dem Landgericht verantworten.

Vom Paulus zum Saulus

Für Leser von Kriminalgeschichten wäre an dieser Stelle eigentlich das Ende. Für den Verteidiger beginnt die Geschichte üblicherweise genau hier.

Das Telefon auf meinem Schreibtisch klingelte. Ich schielte am Notebook vorbei und erkannte den Namen des Anrufers: Smeagol. Doreen, unsere Rechtsanwaltsfachangestellte, hatte sich seit der Umstellung unserer Telefonanlage von irgendeinem technischen Prinzip auf ein anderes diesen Erkennungsnamen gegeben. Welche Bedeutung im übertragenen Sinne das für den aktuellen Fall hatte, ahnte ich noch nicht. Smeagol war der Name Gollums in Tolkiens »Herr der Ringe«, bevor er durch den Einfluss des Rings zu jener gespaltenen und wenig liebenswerten Figur wurde, die sich einerseits nach ihrem früheren, scheinbar glücklichen und sorglosen Leben sehnte und andererseits so unter dem Einfluss des Rings stand, dass sie für dessen Besitz Würde und soziale Beziehungen aufgab.

Jedenfalls hatte auch unser neuer Mandant seine umgekehrte Wandlung, also vom Paulus zum Saulus, hinter sich. Aber noch war es nicht mein Mandant, noch war es der Mandant eines ehemaligen Kommilitonen, oder noch genauer: Noch war es niemandes Mandant, weil der Kollege ihn nicht vertreten konnte oder wollte. Und genau der Kollege war es, der nun in der Kanzlei anrief.

»Dann stell ihn mal durch«, forderte ich Doreen auf.

Ich meldete mich am Telefon und der Kollege meinte, dass wir uns noch aus Studienzeiten kannten. Einige Details zu alten Strafrechtsprofessoren überzeugten mich davon, dass er auch an der an der Freien Universität studiert haben musste; jedoch konnte ich mich beim besten Willen nicht an ihn erinnern.

»Habe auf Ihrer Homepage gesehen, dass Sie vorwiegend im Strafrecht unterwegs sind.«

»Hm.«

»Da sind Hinweise zu Verteidigungen in großen Verfahren dabei.«

»Ja, ja, so was bleibt nicht aus«, wiegelte ich ab. Er sollte endlich damit herausrücken, was er wollte.

»Ich bin nun in einigen Vorständen und Aufsichtsräten tätig, Geschäftsführer einer Tourismus-GmbH und habe viele Ehrenämter auszufüllen.«

»Was sicher auf Ihrer Homepage zu lesen sein wird.«

»Schon, schon, so weit es passt, schon. Aber die anwaltliche Arbeit deckt nur noch einen kleinen Teil meiner Tätigkeitsfelder ab.«

»Mhm.«

»Jedenfalls stand ich früher mit polnischen Kollegen in einer Kooperation. Von dort wurde jetzt ein Mandat an mich herangetragen. Na ja, ich war nie so recht im Strafrecht zu Hause, wissen Sie.«

»Aha.«

»Velleicht haben Sie von dem bedauerlichen Unfall gehört, in der Nähe von Berlin, auf der Autobahn?«

»Die gibt es leider ständig.«

»Mit getöteten Mädchen, die nach Deutschland geschleust werden sollten …«, wollte er mir auf die Sprünge helfen.

Dies sogar mit Erfolg. Ich hakte ein. »Die Sache mit dem Blumentransporter.«

»Genau!«, stellte er erleichtert fest.

»Und da haben Sie einen Mandanten?«

»Noch nicht, wie gesagt. Die polnischen Kollegen vertreten einen der in Untersuchungshaft Genommenen. Er hat sich gerade privat in Deutschland aufgehalten, als mehrere angebliche Bandenmitglieder in Polen und Deutschland festgenommen wurden. Dem Mandanten soll nun in Deutschland mit einem Dutzend anderer Beschuldigter der Prozess gemacht werden. Was sagen Sie dazu?«

Dachte er, dass ich jetzt vor Freude an die Decke springen würde? Wenn das so ein tolles Mandat wäre, dann hätte er es doch selbst übernommen. Ich roch den Braten. Also antwortete ich auf seine Frage: »Das ist möglich.«

»Bitte?«

»Es ist möglich, dass ihm der Prozess gemacht wird.«

»Ja natürlich. Aber ich meine, ob Sie das Mandat übernehmen möchten?«

Selbstverständlich war mir klar, dass er das gemeint hatte. Aber als Anwalt ist man Einzelkämpfer, und das insbesondere in Verfahren mit vielen Angeklagten und vielen Kollegen. Die Interessenlagen sind zu unterschiedlich. Da ist es nicht ratsam, schnell aus seiner Deckung zu gehen oder gleich »Hier!« zu rufen. Also antwortete ich: »Zu welchen Konditionen soll das denn geschehen?«

»Da muss ich Ihnen ehrlich antworten …«

»Aha«, dachte ich bei mir, »sag es doch gleich.« Hörbar erwiderte ich jedoch: »Das wäre wirklich kollegial.« Hatte ich das eben gesagt? Ich mag dieses »kollegial« nicht. Es wird immer dann strapaziert, wenn es längst über Bord geworfen ist.

»Sie sollten sich zuerst einen Besuchstermin in der JVA besorgen. Er wird Ihnen eine Vollmacht unterschreiben. Sobald dies geschehen ist, beantragen Sie die

Akteneinsicht, legen das Mandat nieder und beantragen die Pflichtverteidigung.«

Mir war völlig klar, was das bedeutete. Aber ich wollte es von dem kollegialen Kollegen hören. »Warum sollte ich das tun?«

»Der Mandant ist zurzeit nicht so gut bei Kasse. Über die Pflichtverteidigung würden Sie wenigstens einen Teil der Wahlverteidigergebühren bekommen.«

»Ah, verstehe«, tat ich, als ob ich erst jetzt dahintergekommen sei. »Auf den Punkt gebracht, meinen Sie: die gleiche Arbeit für weniger Geld.«

»Na ja, so nun nicht ganz. Aber vielleicht ist es auch ein interessanter Fall …«

Den »Kollegen« hatte ich nun lange genug zappeln gelassen. Also setzte ich einen Schlusspunkt: »Ich schaue mir diesen Jungen mal an.«

Der »Junge« passte kaum durch die Tür der Besucherzelle der Justizvollzugsanstalt. Sicher war er als Kind in ein Fass Zaubertrank gefallen. Den Dolmetscher für die russische Sprache, der neben mir saß, hatte ich schon mehrfach beauftragt.

Ich begrüßte den Untersuchungsgefangenen. Als er die Verteidigervollmacht vor sich hatte und zum Unterzeichnen ansetzte, blickte er mich durchdringend an und sagte etwas auf Russisch.

Der Dolmetscher stutzte, überlegte, wie er das übersetzen sollte, blickte mich irritiert an und formulierte: »Sie wissen, was mit Ihnen passiert, wenn Sie mich schlecht verteidigen?«

Jetzt konnte man aufstehen und empört den Raum verlassen, vor dem Kerl kuschen oder seinem Macho-Gangster-Gehabe trotzen.

Ich entschied mich für das Letztere und ließ meinen Blick demonstrativ langsam die Zellenwände entlangschweifen, so dass ich dabei mit dem Kopf einen großen Kreis zog. Dann sagte ich: »Ich weiß nur, was mit Ihnen passiert, wenn ich Sie schlecht verteidige. Dann bleiben Sie ein paar Jahre länger Gast in diesen Räumen.«

Der Dolmetscher übersetzte ganz ruhig. Er kannte den Mandanten noch nicht und wusste nicht, wie er nun reagieren würde; sein südliches Temperament ließ Raum für verschiedene Möglichkeiten.

Er nahm meine Antwort erst ungerührt zur Kenntnis, lächelte dann und erklärte, dass ich sein Mann sei.

Wichtig war ihm, dass er kein Russe, sondern Tschetschene sei. Den Dolmetscher für die russische Sprache könnten wir dennoch hier belassen, weil er ja in der Schule diese Sprache gelernt und fast sein ganzes Leben als Milizionär bei der russischen Polizei in Tschetschenien gearbeitet habe.

»Sie waren Polizist?«, fragte ich erstaunt.

»Über zwanzig Jahre«, sagte er, und so etwas wie Stolz schwang in seiner Stimme. »Immer habe ich meinen Job ordentlich gemacht, kein Schmiergeld angenommen und ohne Rücksicht auf das Ansehen der Person auch gegen höhere Beamte ermittelt.« Das schoss jetzt alles so schnell aus ihm heraus, dass der Dolmetscher ein Problem hatte, zügig zu übersetzen. »Und dann«, seine Miene verfinsterte sich, »von einem Tag auf den anderen, wurde ich gefeuert. Man zweifelte an meiner Loyalität zu Russland. Alle Russen tschetschenischer Abstammung, so wie sie es nennen, wurden aus dem Polizeidienst entlassen.«

»Das war sicher schlimm für Sie«, meinte ich ehrlich.

»Und ob! Meine Familie – meine Frau und die drei Kinder –, wie sollte ich die nun ernähren? Das Gehalt als Polizist war schon nicht hoch. Aber nun? Und wissen Sie, wer das mit meiner Entlassung fast so schnell wusste wie ich selber?«

Er blickte mich fragend an, um die Antwort gleich selbst zu geben: »Die Leute, gegen die ich bisher ermittelt hatte. Die standen plötzlich vor der Tür und meinten, meine Arbeit zu schätzen. Sie boten mir Geld und die Versorgung meiner Familie für den Fall an, dass ich bei meiner Arbeit für sie getötet würde oder in den Knast käme ...«

»Und dann konnten Sie nicht anders und sagten zu«, beendete ich den Gedanken.

Er schüttelte ruhig den Kopf. »Ich schmiss sie raus. Habe dann alle möglichen Gelegenheitsarbeiten angenommen, auf dem Feld gearbeitet und als Lohn Essen bekommen, das die Familie nicht satt machte, auf dem Bau gearbeitet, mich dort verletzt und kein Geld bekommen. Ich habe sogar noch einmal bei der Polizei wegen einer Arbeit nachgefragt. Die haben mich sofort zur Tür rausgeschmissen.«

Da ich meine Hausaufgaben gemacht hatte, fragte ich ihn: »Da gab es doch diesen russischen Polizeimajor, der von Missständen bei der Miliz berichtete. Der hat starke Vorwürfe gegen die Polizeiführung erhoben, dass sie Weisungen befolgt und völlig aus der Luft gegriffene Ermittlungsverfahren zu unschuldigen Personen geführt habe, die in Gerichtsverhandlungen mündeten. Da sollen völlig unschuldige Menschen verurteilt worden sein.«

»Von dem Fall habe ich nichts gehört.«

Ich muss ein wenig ungläubig geschaut haben, denn er versuchte sogleich, seine Antwort näher zu erklären: »Dass es immer wieder Korruptionsvorwürfe gibt, Fälschungen in Ermittlungszahlen und so weiter vorkommen, all das ist mir bekannt, aber der Fall dieses Polizeimajors, der ist mir nicht bekannt.«

»Ich erwähnte das auch nur«, erklärte nun ich, »weil jener Polizist sich darüber empörte, dass sogar ehemalige tschetschenische Rebellen in den Polizeidienst eingestellt worden sein sollen.«

Er nickte. »Das ist mir bekannt. Das war aber viel später. Da stand ich schon auf der anderen Seite.«

Ich musste daran denken, wie mir verdeckte Ermittler und Ermittler in Sonderaufgaben, die beispielsweise Geldflüsse über internationale Kanäle verfolgten und die Wege der Geldwäsche kannten, auf denen aus kriminellem Geld angeblich sauberes Geld wurde, ihre frustierende Arbeit beschrieben hatten. Oftmals kannten sie die Köpfe der höchsten international tätigen Banden, konnten derer jedoch nicht habhaft werden, weil man ihr kriminelles Handeln nicht so beweissicher nachweisen könnte, wie es für ein ordentliches Gerichtsverfahren vonnöten wäre.

Ein solcher Ermittler hatte mir einmal seine Idee offeriert, dass man eine eigene Organisation zur Verfolgung der organisierten Kriminalität gründen müsse, um diese effektiv bekämpfen zu können. Als ich jenem Kriminalisten vorhielt, dass man sich damit selbst außerhalb des Rechts stellen würde und nicht viel besser wäre als diejenigen, die man eigentlich bekämpfen will, wiegelte er ab und erklärte, dass das alles ja nur ein gedankliches Experiment sei. Dann wurde er im Ton ernster und meinte, dass er sich gegenüber den Organen der Rechtspflege, was doch Anwälte sein sollten, nicht des Eindruckes erwehren könne, dass sie gemeinsame Sache mit den Kriminellen machten, schließlich bekämen sie von denen ja ihr Geld. Eine solche Unterstellung verbat ich mir, räumte aber ein, dass es in jeder, sicher auch seiner Branche schwarze Schafe gäbe. Aber das schien ihm keine ausreichende Distanzierung vom Werk des Bösen zu sein. Er hatte eine seiner Schubladen gefunden und auch mich längst hineingezwängt.

Hier in der JVA erinnerte ich mich an diesen Kriminalisten, der sich mit seinen Ideen über eine illegale Verbrechensbekämpfung so weit von seinem Beruf entfernt hatte. Er war nicht zu vergleichen mit meinem Gegenüber, der Mann hatte sich letztlich für einen seiner ursprünglichen Berufswahl entgegengesetzten Weg entschieden, aber mir kamen andere Parallelen in den Sinn. Diese Wandlung war doch ähnlich der, die der Bundeswehroffizier durchgemacht hatte, der sich unter der Deckung seiner Gefolgsleute während seiner Dienstzeit als syrischer Asylbewerber ausgegeben hatte, um dann unter dieser falschen Identität einen fingierten Terroranschlag zu begehen.

Mein Mandant jedenfalls fuhr fort: »Irgendwann standen die Typen dann wieder vor meiner Tür. Ich sollte dabei helfen, Landsleute nach Polen und Deutschland zu schleusen, die in Tschetschenien von den Russen verfolgt wurden. Das war aus meiner Sicht nichts Kriminelles. Ich konnte Menschen helfen und bekam dafür Geld. So nahm die Sache dann ihren Lauf …«

»Können wir das so dem Gericht mitteilen, wenn Sie zu Ihrer Person befragt werden?«

Er schüttelte ablehnend den Kopf. »Meinen Sie, das beeindruckt ein Gericht?«

»Die ehrliche Antwort: Das glaube ich nicht. Aber es rückt das Geschehen in ein anderes Licht.«

Der Anflug eines Lächelns huschte über sein Gesicht. »Dann lassen Sie mal das Licht, wie es ist.« Er blickte mich wieder durchdringend an. »Sonst erlischt nämlich mein Licht ganz schnell. Auch hier drinnen.«

Ermittlungen gegen Ermittler

»Inwieweit treffen die Tatvorwürfe zu, die Ihnen gegenüber erhoben wurden?«

»Welche Taten?«

Au Mann, wieder dieses Spiel: Er sitzt unschuldig hier, und das Ganze ist ein großer Irrtum. Oder die feinere Variante, wonach das Geschehen als solches zwar stimmt, aber der Täter jemand anderes war. Auch der Vorwurf eines Komplotts von Staatsanwaltschaft und Polizei gegen meinen Mandanten war mir bekannt. So etwas mutet zunächst seltsam an, aber die Realität zeigt, dass in Strafsachen wirklich nichts unmöglich ist. Deshalb ist es wichtig, dass man an die Bearbeitung eines Mandats völlig unvoreingenommen herangeht. Das ist sehr schwer, wenn sich die Öffentlichkeit schon ein Urteil gebildet hat und man als Verteidiger selbst schnell in die Schusslinie gerät.

Mag der geneigte Leser jetzt auch mit dem Kopf schütteln und die Auffassung vertreten, dass das alles sehr weit hergeholt sei und die Polizei doch ordnungsgemäß ermitteln würde – schließlich hätten wir doch keine russischen Zustände –, und auch meine Erfahrung sagt, dass Polizisten in den überwiegenden Fällen engagiert und korrekt vorgehen, so werden doch hin und wieder Fälle bekannt, dass Kriminalisten durch Vorgesetzte angehalten werden, in eine bestimmte Richtung zu ermitteln, und anderen Spuren nicht folgen dürfen.

So geschah es in dem Fall des zu lebenslanger Freiheitsstrafe verurteilten Berliners Mario Kaufmann. Der soll im August 2011 maskiert die Ehefrau eines Immobilienmillionärs vor ihrer Villa in einem Brandenburger Kurort schwer verletzt haben. Bei dem Versuch, die Tochter des Millionärs einige Wochen später zu entführen, schoss der Täter einem Bodyguard in den Rücken, der seitdem querschnittsgelähmt ist. Im Prozess gegen Mario Kaufmann hatten Ermittler der Sonderkommission ausgesagt, dass sie durch Vorgesetzte bei der Arbeit behindert worden seien und nicht frei hätten ermitteln können. So hatten sie Vermutungen in Richtung einer nicht ausgeschlossenen fingierten Entführung nicht nachgehen dürfen. Nach anfänglichem Leugnen mussten die Vorgesetzten im Verfahren einräumen, dass nicht in alle Richtungen ermittelt werden sollte. Nach Abschluss des Strafverfahrens gegen Kaufmann wurden Ermittlungsverfahren gegen mehrere Polizisten der Sonderkommission wegen des Verdachts der uneidlichen Falschaussage im Strafprozess eingeleitet.

Ein Jahr später wurde ein Banker in seiner Villa am Storkower See entführt. Der Banker wurde mit einem Kajak über den See gezogen, welches ich als Beweismittel im Landgericht in Augenschein nehmen konnte, als mich mein Weg während einer anderen Verteidigung an dem Verhandlungssaal vorbeiführte. Dieser Millionär musste Lösegeldforderungen an seine Frau schreiben, bevor er sich selbst befreien konnte und ohne Unterkühlungserscheinungen oder sichtbare Kratzer fliehen konnte. Es unterblieb die sonst übliche Untersuchung durch einen Gerichtsmediziner, durch die Verletzungen des Opfers dokumentiert werden. Das Entführungsopfer durfte stattdessen schon am Folgetag in den Urlaub fliegen. Zu Zweifeln, die sich den Ermittlern an seiner Glaubwürdigkeit aufgedrängt hatten, durften sie dem Millionär unter Hinweis auf sein Vermögen keine Fragen stellen.

Ein gravierender Fall der Fälschung von amtlichen Unterlagen durch Kripobeamte wurde der breiten Öffentlichkeit im Zusammenhang mit dem Fall des Attentäters Amri bekannt. Anis Amri war mit einem gestohlenen Lkw 2016 auf den stark besuchten Weihnachtsmarkt am Berliner Breitscheidplatz gefahren und hatte dabei zwölf Menschen ermordet. Er wurde auf seiner Flucht nach wenigen Tagen durch einen italienischen Polizisten erschossen. Zunächst hatte die Polizei den Terroristen in einem Vermerk vom 1. November 2016 als aktiven und gewerbsmäßigen Drogenhändler eingeordnet. Nach Amris Tat hatte jemand im Januar 2017 einen anderen Vermerk erstellt, wonach Amri möglicherweise Kleinsthandel mit Drogen betrieben habe. Die Berliner Landesregierung erstattete Strafanzeige wegen Strafvereitelung im Amt und Urkundenfälschung. In der Folge wurde gegen Beamte des LKA 5 (Staatsschutz) ermittelt. Der Eindruck, dass es sich bei dieser Aktenveränderung nicht um einen bloßen Zufall gehandelt habe, erhärtete sich in der Folge durch den Umstand, dass Namen aus dem Umfeld im Drogenmilieu im Nachhinein aus der Akte gelöscht worden sein sollen.

Hier, in der Justizvollzugsanstalt, leugnete der tschetschenische Ex-Polizist jedenfalls die Tatbeteiligung an dem gewerbs- und bandenmäßigen Menschenhandel.

»Nun gut«, räumte ich ein, »Sie wurden nicht bei der unmittelbaren Tatausführung ertappt, so wie der Fahrer des Blumentransporters, aber im Haftbefehl wird Ihnen die Beteiligung an über zweihundert Schleusungen vorgeworfen.«

»Wie Sie sagen, mich hat niemand unmittelbar erwischt.«

»Wenn Sie Weisungen und Hilfestellungen gegeben haben, kann das für eine Verurteilung ausreichen.«

»Das kann man mir nicht beweisen.«

»Kann man es Ihnen nur nicht beweisen oder haben Sie die Taten auch nicht begangen?«

Er zog eine Miene und seine Schultern in die Höhe, während er mir seine leeren Handflächen mit Blick darauf zeigte. Das war wohl so eine Art internationale Unschuldsbekundung: Schließlich sah ich nichts in seinen Händen. Ob das so vor dem Gericht ausreichen würde, daran hatte ich meine Zweifel.

In der Folgezeit wurde mir Akteneinsicht gewährt. Nach einer ersten Durchsicht war es notwendig, dass wir den größten Teil der zigtausend Blätter umfassenden Ermittlungsakte einscannen mussten. Doreen schimpfte wie ein Rohrspatz. Stephan gesellte sich zu ihr und investierte ein komplettes Wochenende Lebenszeit zum Kopieren und Scannen.

Bei meinem zweiten Besuch in der JVA begleitete mich mein Sozius. Wegen der vielen Angeklagten und der absehbar längeren Verfahrensdauer wurden jedem Angeklagten jeweils zwei Pflichtverteidiger beigeordnet, um den Prozess zügig voranzubringen und nicht etwa durch Krankheit eines Verteidigers oder sonstige Umstände eine unnötige Verfahrensverzögerung zu verursachen.

Stephan stellte sich vor, erklärte die Umstände für seine Beiordnung, und der Dolmetscher übersetzte.

Als wir nach dem Vorgeplänkel zur Sache kamen, wurde die Atmosphäre in der Besucherzelle merklich angespannter.

Ich spielte nicht den vernehmenden Beamten, sondern teilte meinem Mandanten mit einer zwanzigseitigen Zusammenfassung mit, was alles gegen ihn vorlag. Letztlich hatte er zu fast jeder Schleusung sein Okay gegeben und dafür Geld kassiert. Auch die Aussagen, wonach er als Statthalter der tschetschenischen Mafia in Warschau galt, zitierte ich.

»Na ja«, begann er, »ich bin nun mal eine Person, der die anderen Respekt zollen. Und da ist es schon so, dass sie mich fragen, ob dies und jenes richtig ist. Wenn ein in Warschau lebender Tschetschene von einem anderen Tschetschenen Geld zu bekommen hat und die beiden wissen wollen, ob das rechtens ist, dann kommen sie fast immer zu mir, und ich entscheide, was gemacht werden soll. Das machen die dann auch. Dazu sind sie aber nicht verpflichtet, wissen Sie?«

Er blickte seine Anwälte an und erwartete wohl ein zustimmendes Nicken.

Stephan platzte mit der Frage heraus: »Dann sind Sie so eine Art Pate von Warschau?«

»Nein, nein. Das hört sich ja an, als ob da was Unredliches dabei wäre. Die Leute wollen einfach nur Rat von einer Person, die sie respektieren. Und da die Gemeinschaft der Tschetschenen in Warschau mir Respekt zollt, kommen die Leute eben und fragen. Wenn ich dann eine Antwort gebe, ist das doch keine Beteiligung an der Tat.«

»Es kommt drauf an«, antwortete ich mit einer Floskel, die jedem Jurastudenten schon nach den ersten Wochen des Studiums geläufig ist.

Das Gericht sah es am Ende der Verhandlung als erwiesen an, dass unser Mandant einer der Köpfe der Bande war. Ihm wurde eine Haftstrafe von über sieben Jahren auferlegt.

Als er nach der Urteilsverkündung den Dolmetscher bat, mir noch einige seiner Worte zu übersetzen, kam mir das kalte Grausen.

Er bedankte sich für die geleistete Arbeit und dann … Dann übersetzte der Dolmetscher nicht weiter, bis der nun frisch Verurteilte ihm offensichtlich mit irgendetwas drohte.

Der Dolmetscher stammelte daraufhin: »Er ist Ihnen sehr dankbar. Er steht tief in Ihrer Schuld. Und … und wenn Sie mal ein Problem haben, ein richtiges Problem …« Er schluckte und sprach nicht weiter.

»Ja und?«, forderte ich ihn auf, weiter zu übersetzen.

»… und … und jemand beseitigt werden muss, dann wissen Sie ja, wo Sie ihn finden.«

Feuerteufel

Unter den Hammer

Raimund Gerstenberg schwieg die ganze Zeit. Er nahm die Hände vors Gesicht und stützte die Ellenbogen auf den Knien auf, um nicht sehen zu müssen, was hier geschah. In Gerichtssälen würde es keine Gerechtigkeit für ihn geben. Es war einfach so ungerecht, was hier passierte. Niemand schritt ein. Die nahmen ihm das Haus seiner Kindheit weg, und es schien, als ob alle das richtig fänden.,

Die Eltern hatten ihm zu verstehen gegeben, dass sie das Bankdarlehen nicht weiter bedienen könnten, und wofür auch, sie warteten sowieso nur noch darauf, endlich Plätze in einem Pflegeheim zu bekommen. Das alte, alleinstehende Bauernhaus und der Hof, all das wäre zu viel für sie.

Er, Raimund, war nicht bereit, so weit draußen allein mit den Eltern zu leben und diese zu pflegen. Er hatte mit über vierzig Jahren noch immer keine Frau gefunden, mit der er in das Elternhaus ziehen könnte, und vor allem keine Arbeit, die es ihm wirtschaftlich ermöglichte, das Gehöft zu unterhalten. Er tingelte lieber von einem Job zum anderen und war jetzt bei einer Frau untergekommen, die drei Dörfer weiter wohnte. Dort zahlte er keine Miete, obwohl seine Partnerin ihm immer wieder Vorhaltungen machte, dass er auch mal

Geld ranschaffen müsse, um sich an der Führung des Haushalts zu beteiligen. Ab und zu fuhr er mit dem Auto der Freundin, einem kleinen weißen Peugeot, deren Jungen zur Schule. Sie hatte mehrfach gedroht, Raimund rauszuschmeißen, wenn sich nichts änderte. Er wandte ein, dass alles besser würde, wenn er mit seiner Privatinsolvenz durch sei. Jetzt lohne es nicht zu arbeiten, da sich die Gläubiger und der Insolvenzverwalter sowieso alles unter den Nagel reißen würden.

Seine Schwester war mit einem studierten Mann verheiratet, von dem er nicht so richtig wusste, was er beruflich eigentlich machte; es hatte irgendwas mit Versicherungen zu tun. Jedenfalls arbeitete der Schwager bei einer Firma in Pforzheim und verdiente gutes Geld. Raimund sprach seit über sieben Jahren nicht mehr mit seiner Schwester, weil sie nicht gewillt gewesen war, ihn finanziell zu unterstützen, als seine Pechsträhne nicht enden wollte.

Was bei der Zwangsversteigerung unter den Hammer kam, das war nicht nur das Elternhaus, sondern seine Kindheit und Jugend. So empfand es Raimund.

Ein Paar, das etwa in seinem Alter war, ersteigerte das Grundstück. Er ging den beiden im Gerichtsgebäude hinterher und konnte hören, was sie sagten.

»Da haben wir aber noch ein gutes Stück Arbeit vor uns«, meinte der Mann.

»Ach, das wird herrlich. Einfach am Wochenende raus aus der Stadt und ab ins Grüne.«

»Ja, ja, aber da müssen wir noch ordentlich Geld in die Hand nehmen.«

»Ich würde vieles so lassen, wie es ist. Den alten Charme würde ich bewahren.«

»Hm, ist wohl möglich. Bei der Treppe im Haus ist es ja auch gelungen.«

»Stimmt, die ist toll.«

Raimund stockte der Atem. Da hatte er wirklich viel Arbeit investiert: die Zwischenwand rausgerissen, die Flur und Wohnzimmer trennte, und einen großen, hellen Raum daraus gemacht. Die Treppe hatte er komplett abgeschliffen und unter vielen Farbschichten festgestellt, dass einige Stufen ersetzt werden mussten. Das Angebot des Zimmermanns für die Reparaturarbeiten fand er unverschämt. Die Eltern konnten den Preis nicht zahlen.

»Dann lasst ihr den einfach arbeiten und bezahlt nicht«, sagte Raimund. »So ein Wucherer muss bestraft werden. Wenn die neuen Stufen eingebaut sind, dann gehören die euch, das ist im Recht so.«

»Das ist Unrecht«, meinte die Mutter. »So etwas machen wir nicht.«

Am Ende hatte Raimund, der handwerklich sehr geschickt war, ohne je einen handwerklichen Beruf erlernt zu haben, die Treppe selbst repariert. Im Internet fand er ein Buch im PDF-Format, das den Holztreppenbau beschrieb. Es war irgendwie für die Berufsausbildung vorgesehen. Er las nicht viel, aber jenes Buch verschlang er.

Ein Bekannter des Vaters, denn so viele Bekannte hatte Raimund selber nicht, besorgte die Bretter, die gesägt, gehobelt, geschliffen und immer wieder eingepasst werden mussten. Der Vater ging seinem Sohn ab und an zur Hand. Er erzählte ihm zum x-ten Male, dass die kleinere Säge mit dem roten Griff noch vom Großvater sei, der diese Ende der Vierzigerjahre erstanden hatte, als es noch schwer war, an Werkzeug zu kommen. Jeder wollte bauen, keiner hatte Werkzeug. Erst allmählich habe sich die Situation gebessert. Die Säge aber war über die Zeiten gerettet worden.

Die Arbeiten zogen sich viel länger hin, als Raimund es sich zunächst vorgestellt hatte. Doch da er wieder einmal arbeitslos war, hatte er ausreichend Zeit.

Als der Umbau fertig war, freuten sich die Eltern. Die Mutter meinte, dass der Junge doch etwas Gescheites hätte erlernen sollen. Der Vater vertrat die Auffassung, dass man auf einem Hof alles können müsse, um ihn instand zu halten; da bräuchte man keinen bestimmten Beruf.

Und nun? Nun wollte sich das alles dieses Pärchen unter den Nagel reißen, nur weil sie es sich leisten konnten.

»Das ist meine Treppe!«, brüllte Raimund das Pärchen an.

»Wer sind Sie denn?«, bellte die Frau zurück.

»Das ist das Haus meiner Eltern, und die Treppe habe ich wiederaufgebaut.«

Der Mann, bemüht um einen sachlichen Ton, meinte: »Die Treppe gehört zum Haus. Wir haben es ersteigert, und nun gehört uns auch die Treppe.«

Die Frau fuhr dazwischen: »So ist das nun mal, wenn ein Haus unter den Hammer kommt.«

Raimund wäre der Frau am liebsten an die Gurgel gegangen.

Der Mann erkannte die Situation und war geneigt, diese zu entschärfen. »Es tut uns leid, dass es Ihr Elternhaus ist. Wir werden uns gut darum kümmern.«

»Wir haben doch nicht seinen Hund gekauft«, meldete sich die Frau wieder, »sondern das Haus ersteigert. Dafür müssen wir uns nicht schämen. Schließlich geben wir dafür eine Stange Geld aus.«

Ein paar Stunden später erklärte Raimund seiner Freundin, dass er zum Haus der Eltern fahren und es niederbrennen werde.

»Bist du verrückt? Wenn du das machst, dann fliegst du endgültig hier raus!«

»Halt's Maul!«, beschimpfte er sie.

»Mal langsam. Das hier ist immer noch meine Wohnung. So sprichst du nicht mit mir in meinen eigenen vier Wänden.«

»Ach, hast wohl doch einen anderen, und ich soll Platz machen?«

»Red nicht so einen Unsinn. Aber das ist doch gemeingefährlich, einfach ein Wohnhaus in Brand zu setzen.«

»Ach nee! Aber mir einfach mein Elternhaus wegzunehmen, das ist in Ordnung?«

»Trotzdem kannst du es nicht einfach in Brand setzen!« Jetzt war ihre Stimme nur noch flehend.

»Es ist doch nicht so schlimm, wenn keiner im Haus ist. Ich sehe doch nachher, ob ein Auto davor steht oder nicht.«

»Kannst trotzdem in den Knast kommen! Und die können dich auf Schadensersatz belangen. Da hilft dir auch deine Privatinsolvenz nicht.«

Raimund trat dicht an seine Freundin heran und schrie sie an: »Willst mich wohl verpfeifen, damit ich in den Bau wandere und du hier mit einem anderen rumvögeln kannst?«

»Es gibt keinen anderen, das weißt du ganz genau«, erklärte sie in einem versöhnlichen Ton.

Er missverstand die Erklärung und den Tonfall und zog sie zu sich heran. Sie ließ es geschehen. Irgendwann müsste sie ihm sagen, dass sie ihn hier nicht mehr sehen wollte. Ein wenig Angst hatte sie schon vor diesem Moment; entweder würde er, jähzornig, wie er war, etwas zerschlagen, vielleicht sogar sie schlagen – das erste Mal wäre es nicht –, oder er käme mit der weinerlichen Mitleidsmasche, dass er nicht wisse, wohin er soll, und dass niemand ihn verstehe.

Sie wusste nicht, welche der Reaktionen sie schlimmer fand.

Als er das Bett verließ, lebte sie in der Hoffnung, dass er sein irrwitziges Vorhaben aufgegeben hatte. Und wie er sich so nackt aus dem Bett erhob, dachte sie bei sich, dass Raimund eigentlich gar kein so schlechter Kerl sei.

Er setzte sich an den Computer und begann zu fluchen.

»Na«, meinte die Freundin scherzhaft vom Bett aus, »wollen wir es noch einmal machen? Das entspannt dich sicher.«

»Quatsch! Hier steht nur Scheiße! Ich sage dir schon, wenn ich mit dir vögeln will.«

»Wer Scheiße googelt, der …«, wagte sie zu sagen.

»Nein! Ich wollte doch nur wissen, wann die Leute nun auch rechtlich Eigentümer des Hauses werden.«

»Ich denke, die haben es ersteigert?«

»Mann, bist du bescheuert. Das heißt doch noch lange nicht, dass sie auch rechtswirksam schon Eigentümer sind. Na ja, hier steht schon, was du meinst. Nämlich, dass mit Zuschlag das Eigentum übergeht.«

»Na, siehst du!«

»Aber auf einer anderen Seite steht hier auch, dass man immer erst Eigentümer wird, wenn der Grundbucheintrag erfolgt ist. Und das soll auch bei der Zwangsversteigerung so sein.«

»Und was gilt nun?«

»Das weiß ich doch nicht!«, brüllte er, nahm die Tastatur hoch und schmiss sie wieder auf den Tisch, dass es nur so krachte. »Ich bin doch nicht die verfickte Rechtspflegerin, die den Zuschlag erteilt hat. In diesem Scheißinternet darf heute jeder Idiot alles schreiben, und dann auch noch das Gegenteil von dem, was er gestern geschrieben hat.« Er trat gegen den am Boden stehenden PC, der daraufhin sein aufmüpfiges Brummen etwas dämpfte.

Ihr schwante Böses. »Und wofür ist das wichtig?«

»Hab doch gesagt, dass ich die Bude abfackeln werde.«

»Lass das! Sag nicht so was!«

»Wenn die noch nicht Eigentümer sind, dann beschädige ich rechtlich doch noch das Haus meiner Eltern. Dann können die mir gar nichts. Meine Eltern freut das auch, wenn diese Arschlöcher nicht unser Haus bekommen. Die werden mich nicht anzeigen.«

»Ist dir nicht klar, dass da ganz was Böses auf dich zukommt? Vielleicht wirst du dabei auch noch selber verletzt. Merkst du nicht, dass du einen Riesenfehler machst?«

»Ich? Die, die haben einen Fehler gemacht und sich an meinem Elternhaus vergriffen!«

»Dran vergreifen willst du dich doch. Du willst es zerstören. Wenn du das durchziehst, dann kannst du hier wirklich gleich ausziehen«, drohte sie nun wieder.

Raimund zog sich völlig unbeeindruckt von ihrer Drohung an, nahm ihren Autoschlüssel vom Brett und verließ die Wohnung.

»Sind Sie völlig verrückt geworden?«

Langsam rollte der kleine Peugeot an das alte Haus heran. Licht brannte nicht. Wie auch? Der Energieversorger hatte den Vertrag gekündigt, nachdem die Eltern die Stromrechnung nicht mehr hatten begleichen können. Ein anderes Fahrzeug befand sich nicht in der Nähe. Raimund durchfuhr der nächste Gedanke wie ein Blitz: Der Gasanbieter würde auch nicht mehr liefern. Wie sollte er da das Haus in Brand setzen? Eigentlich hatte er die Heizungsanlage so beschädigen wollen, dass Gas ausströmte, und in der Küche den Herd auf die höchste Stufe stellen, um die Platte zum Glühen zu bringen. Das hätte einen schönen Knall gegeben! Die Lackaffen hätten dann nicht mehr viel Freude an dem Haus gehabt.

Sollte er Benzin aus dem Auto der Freundin zapfen und es als Brandbeschleuniger nutzen? Er schaute auf die niedrige Tankanzeige. Das Wageninnere bebte, als Raimund fluchte. Die Wut kochte in ihm hoch. Er stieg aus und schlug die Wagentür knallend zu.

Die Gartentür war verschlossen; flugs kletterte er darüber und steuerte das Haus an. Er nahm sich einen der Steine aus dem Vorgarten, den die Mutter dort angelegt hatte, und blickte sich um. Die Scheibe der kleinen Toilette im Parterre zerbarst unter lautem Klirren, als der Stein sie traf.

Im Keller fand er das Werkzeug, darunter auch Großvaters alte Geräte. Auch wenn die Säge mit dem roten Griff über die Jahre stumpf geworden war, war es dennoch die Säge des Großvaters. Es war die Säge, die er auch für den Bau der Treppe genutzt hatte. Dass sein Vater das alles den Neuen überlassen wollte, verstand er nicht. Aber was hätte er damit in der kleinen Unterkunft im Pflegeheim auch anstellen sollen? Raimund griff sich so viel Werkzeug, wie er konnte.

Im Heizungsraum des Kellers bestätigte sich seine Vermutung: Die Gaszufuhr war unterbrochen. Er ließ das Werkzeug fallen und stapfte, laute Flüche herausschreiend, zurück in den Kellerraum. Kurze Zeit später stand er mit einem Vorschlaghammer vor der Heizungsanlage und drosch wie von Sinnen darauf ein.

Schweißgebadet vor Anstrengung und Wut sackte Raimund vor dem Heizungsgerät zusammen, aus dem alle möglichen Metallteile heraushingen. Von unten auf sein Werk blickend, erinnerte es ihn an den Film »Transformers«; die Anlage sah aus wie einer der verletzten stählernen Riesen. Nachdem er sich wieder aufgerichtet hatte, betrachtete er nochmals kopfnickend sein Werk.

Er überlegte sich, wie er den Neuen schweren Ärger bereiten könnte, und empfand es als besonders effektiv, alle Lichtschalter und Lampenhalterungen herauszureißen und die Kabel so dicht wie möglich an den Wänden abzuschneiden. Die könnten dann nicht so einfach geflickt werden und müssten komplett neu verlegt werden. Er geriet geradezu in Euphorie über seine Idee und holte sogleich Leiter und weiteres Werkzeug aus dem Keller, um den Plan in die Tat umzusetzen.

Als er sich mit der Leiter in das obere Stockwerk begab, war ihm so, als ob er vor dem Haus Geräusche wahrnahm. Schnell stürzte er die Treppe hinunter, lief zum Fenster und schaute nach draußen. Das Auto seiner Freundin stand allein auf dem Parkplatz vor dem Haus.

Mit steigender Lust riss Raimund die Lampen von der Decke, dass es nur so krachte, und kappte die Leitungen so weit wie möglich an der Decke.

Er setzte sich auf die Treppe. Viel Zeit hatte er nicht mehr, bevor die Dunkelheit seiner Zerstörungswut Einhalt gebieten würde. Er blickte auf die Stufen. »Die Treppe«, durchfuhr es ihn. Seine Treppe sollten die nicht bekommen! Er schaute auf die am Boden liegende Säge des Großvaters. Damit brauchte er gar nicht erst anzufangen, mit der würde es viel zu lange dauern. Egal, was hier passierte – vielleicht fiel ihm doch noch eine Möglichkeit ein, das ganze Haus zu zerstören –, die Säge wollte er retten, sie war alter Familienbesitz. Er schlug die Tür, die zur Terrasse führte, mit dem Vorschlaghammer ein und brachte die Säge zum Auto. Wieder im Haus angelangt, ergriff er den Vorschlaghammer und begann, zunächst die Tritt- und dann die Setzstufen zu zerschlagen.

»Das ist ja eine richtige Plackerei«, dachte er sich. Er wurde immer glücklicher, je weiter seine zerstörerische

Arbeit voranschritt. »Die werden sich wundern«, frohlockte er. »Kommen hier rein und glotzen blöd, wo denn nur die Treppe geblieben ist.« Breit grinsend schlug Raimund immer und immer wieder auf das Holz ein, dass es nur so krachte. Die zerschlagenen Holzteile und Splitter flogen ihm um die Ohren.

Plötzlich rief eine Männerstimme: »Sind Sie völlig verrückt geworden?«

»Das ist doch der Mann, der beim Versteigerungstermin mit im Saal des Amtsgerichts saß«, fauchte die Frau hinter ihm. »Der, der behauptet hatte, dass die Treppe ihm gehöre ... Ich rufe sofort die Polizei!«

Raimund hielt inne und drehte sich um. Die Frau hatte schon ihr Handy in der Hand und tippte eine Nummer ein.

Nur ganz kurz schoss Raimund der Gedanke durch den Kopf, mit dem Vorschlaghammer auf die beiden loszugehen. Dann gab er sich aber damit zufrieden, höhnisch die Worte der Frau zu wiederholen, die sie nach dem Versteigerungstermin gesagt hatte: »So ist das nun einmal, wenn ein Haus unter den Hammer kommt.«

Eine halbe Stunde später ließen die beiden Polizisten Raimunds Einwand nicht gelten, dass es sich um eine rein zivilrechtliche Eigentumsangelegenheit handele. Sie nahmen die ersten Aussagen auf und luden alle Beteiligten für den nächsten Tag auf das örtliche Polizeirevier. Raimund wurde darüber belehrt, dass er sich nicht mehr auf dem früheren Grundstück der Eltern aufhalten dürfe.

»Wie, wird der Kerl denn nicht verhaftet?«, rief die neue Eigentümerin erzürnt.

Die Polizisten schüttelten die Köpfe.

Als er in die Wohnung seiner Freundin zurückkehrte, kam es wieder zum Streit. Raimund war uneinsichtig und schob die Vorwürfe der Freundin darauf, dass sie es mit einem anderen treiben wolle.

»Es gibt keinen anderen, das habe ich dir gestern schon hundertmal gesagt. Aber so einer wie du muss es auch wirklich nicht sein. Das ist doch krank, was du da gemacht hast. Merkst du das nicht?«

Er stierte sie böse an. »Wage es nicht, noch einmal zu sagen, dass ich krank bin. Sonst wirst du es bereuen.«

»Was denn sonst? Natürlich bist du krank. So etwas zu machen. Du kriegst nicht nur dein eigenes Leben nicht auf die Reihe, sondern machst auch noch das anderer kaputt.«

Unvermittelt schlug er ihr mit der flachen Hand so kräftig ins Gesicht, dass sie zu Boden ging. »Ich habe dich gewarnt.«

Sie fing an zu weinen. »Raus hier. Raus!«, schluchzte sie. »Lass dich hier nie wieder blicken! Nimm deine Klamotten und hau ab!«

Raimund, der bis dahin nicht vorbestraft war, wurde wegen der Sachbeschädigung am früheren Hause der Eltern zu einer Bewährungsstrafe verurteilt.

Trinkgeld

»Endlich Feierabend«, dachte sich Gerstenberg und streckte die Beine aus. Er legte sich in dem Blaumann aufs Bett und versuchte einzuschlafen. Noch kreisten seine Gedanken um die Arbeit.

Er war hier ganz schön eingespannt; viel mehr, als er es sich vor anderthalb Jahren gedacht hatte. Hausmeister mit Dienstwohnung in einer Pension mitten im schönen Schwarzwald; das war schon was, nachdem seine Freundin Schluss gemacht, ihn auf die Straße gesetzt hatte und er verurteilt worden war. Von wegen, er arbeite nicht und bekomme sein Leben nicht auf die Reihe. Die müsste das hier mal sehen, wie er den ganzen Laden auf Vordermann brachte. Ohne ihn würde hier nichts laufen! Fehlte nur noch ein Auto. Natürlich ein eigenes Auto und nicht nur eines der Hotelfahrzeuge. »Ach du lieber Gott«, dachte er bei sich. Hauptsache, der Koch würde sein Maul halten und der Chefin nicht erzählen, dass er es gewesen war, der den Pfeiler in der Tiefgarage mitgenommen hatte, als er heute mit dem Einkaufsfahrzeug unterwegs war. Raimund hielt seine Stellung im Haus für so gefestigt, dass es ohne ihn nicht mehr gehen würde. Die Kollegen spurten auch und unterließen es, ihn mit unnützen Aufgaben zu überfrachten. Nur die Chefin, die müsste er sich noch hinbiegen. Die kommandierte ihn wie ein alter Feldwebel.

»Hallo, Raimund!«

Jetzt hörte er die Stimme der Chefin schon im Schlaf.

»Raimund, die Gäste aus 323 kommen nicht in ihr Zimmer.«

Das war gar kein Traum! Der Hausmeister schlug die Augen auf.

»Komm raus, die Gäste aus 323 haben ein Problem mit ihrem Schloss.«

Jetzt erst realisierte Raimund, dass es schon dunkel war und das Licht nur vom Flur in sein Zimmer schien.

»Wie spät ist es?«

Die Chefin schaute auf ihre Uhr. »1 Uhr 33. Weshalb?«

»Weil das Arbeitszeit ist und mir bis zum nächsten Arbeitseinsatz eine Ruhezeit von elf Stunden zusteht.« Raimund erhob sich und setzte sich auf die Bettkante.

»Quatsch nicht. Die Leute stehen vor der Tür. Und im Hotel- und Pensionsgewerbe ist das sowieso anders.

Komm schon, heb deinen Hintern!«, forderte sie im Befehlston. Sie öffnete die Tür zu seinem Zimmer und sagte erstaunt: »Du bist ja noch komplett in Arbeitssachen. Hast du so gepennt?«

»Wollte mich nur fünf Minuten ausruhen. War so fertig heute.«

»Wovon? Weil du dem Koch gedroht hast, er könne was erleben, wenn er mir sagt, dass du mit dem Einkaufsfahrzeug an den Pfeiler in der Garage gefahren bist?«

»Auch das noch!«

»Denkst du, so etwas bleibt geheim? Irgendwer muss schon für den Schaden aufkommen. Aber das regeln wir noch. Jetzt geh erst mal hoch in 323 und schau dir an, was da gemacht werden kann.«

»Um die Uhrzeit! Was haben die Alten noch so lange draußen gesucht? … Ja, ja, dafür bin ich wieder gut genug. Das ist aber nicht richtig, was Sie da machen. Sie können doch hier nicht so einfach hereinplatzen. Ich wohne hier.«

»Da hast du recht. Habe ja erst geklopft.«

»Trotzdem können Sie nicht so einfach hier rein. Das ist meine Privatsphäre. Wenn nun eine Frau mit mir hier wäre.«

»Ist aber nicht.«

»Morgen wechsle ich die Klinke gegen einen Knauf. Dann hat das ein Ende.«

»Kannst doch einfach abschließen.«

»Nein! Wenn es brennt, sind das wertvolle Sekunden.«

»Was du immer mit dem Brennen hast.«

»Das ist im Hotel extrem wichtig.«

»Jetzt ist erst einmal wichtig, dass du den Gästen in 323 hilfst … Und deine Wohnung ist im Parterre. Wenn's brennt, hüpfst du ganz einfach aus dem Fenster.«

Das ältere Paar aus Zimmer 323 war erleichtert, als der Hausmeister kam.

»Haben Sie die Tür abgeschlossen oder einfach zugezogen?«

»Abgeschlossen«, antwortete der Mann.

Die Frau hielt dagegen: »Zugezogen.«

Er versuchte, die Tür mit dem Ersatzschlüssel und auch den Schlüsseln der Gäste zu öffnen. Man konnte zwar drehen, aber es passierte nichts. »Ich hol mal mein Spezialwerkzeug«, verkündete er.

Auf dem Weg in die Werkstatt ging er an der Rezeption vorbei, an der sich immer noch die Chefin aufhielt. Sie würde sich nicht hinlegen, bis das hier geklärt wäre.

»Und, kannst du was machen oder …?«

»Den teuren Schlüsseldienst müssen wir vorerst nicht holen«, antwortete Raimund. »Ich hole mein Spezialwerkzeug, und dann schauen wir weiter.«

Raimund hatte sich für solche Fälle Alu-Bleche entsprechend der Form des Rahmens und der Türen gefertigt. Es war im Prinzip so, als ob jemand seine Kreditkarte nutzte, die aber mehrmals gebogen war. Mit einem der Bleche konnte er die Tür des Zimmers 323 wieder öffnen; sie war zum Glück nur herangezogen und nicht abgeschlossen worden.

Das Paar war sehr dankbar. Sie konnten sich für die Nacht fertig machen und er reparierte das Schloss.

Als Raimund fünfzehn Minuten später mit der Arbeit fertig war, bekam er ein Dankeschön von dem Mann und zwanzig Euro Trinkgeld. Im Gegenzug wünschte er den Gästen noch »Gute Erholung«.

Raimund ging müde an der Rezeption vorbei und erklärte, ohne die Chefin anzusehen: »Fertig!«

Er ging weiter, und die Chefin rief hinterher: »Hast du nicht etwas vergessen?«

»Was sollte ich vergessen haben?«

»Hast du kein Trinkgeld bekommen?«

»Doch, zehn Euro. Die sind aber für mich. War ja kein anderer oben, um diese Uhrzeit, und hat geholfen.«

»Das ist nun mal dein Job. Los, her mit den zehn Euro. Wir legen immer alles in die gemeinsame Trinkgeldkasse. Die Kollegen bekommen üblicherweise mehr als du. Da hältst du auch gerne die Hand auf und nimmst. Aber Teilen ist nicht dein Ding, was?«

»Na gut.« Er griff in die Tasche und legte den Zwanzig-Euro-Schein auf den Tresen der Rezeption.

»Wie, hast doch zwanzig Euro bekommen und sagst zehn? Wie verlogen bist du denn?«

»Gar nicht! Habe gewechselt.«

»Sag mal, denkst du, ich ziehe mir die Hose mit der Kneifzange an?« Die Chefin nahm den Schein und steckte ihn, für Raimund nicht sichtbar, weg.

»Was denkst du, was die anderen dazu sagen?«

»Die werden aber nicht zu jeder Tages- und Nachtzeit aus dem Bett geholt und sind immer da, wenn's brennt.«

»Doch! Genauso funktioniert der Laden hier.«

Raimund überlegte die ganze Nacht, ob er nicht vor zur Rezeption gehen und sich sein Geld wiederholen sollte. Die Tür vor der Rezeption wäre jetzt wohl verschlossen, aber mit Schlössern, da kannte er sich schließlich aus. Außerdem hatte er sich durch seine Tätigkeit als Hausmeister sukzessive Schlüssel um Schlüssel für alle aus seiner Sicht wichtigen Gebäude und Räume beschafft. Er wälzte sich im Bett hin und her und fand keinen Schlaf. Nicht, dass die Chefin noch mal hereinkommen und ihn wecken würde.

Raimund stand auf und kochte sich einen Kaffee. Aus der Küche hatte er sich einfach einen Wasserkocher genommen und niemandem Bescheid gesagt. Er selbst fand das nicht schlimm, weil es ja mehrere davon gab.

Das Gerät befand sich weiter auf dem Gelände, weshalb das sicher schon in Ordnung ginge. Die Leute hier hatte er auch so weit im Griff, dass sich keiner trauen würde, etwas dagegen zu sagen.

Mit einer frisch gebrühten Tasse Kaffee setzte er sich in das dunkle Zimmer und stellte sich vor, wie er die Chefin fesseln und knebeln würde. Dann müsste sie endlich mal ihren Mund halten und würde nicht alles besser wissen. Er würde sie in der am Rande des Geländes liegenden Werkstatt festbinden und mit verschiedenen Werkzeugen ganz dicht vor ihrem Gesicht rumhantieren. Den Anblick der verängstigten Chefin würde er genießen. Er würde sie nicht ernstlich verletzen, aber ihr so einen richtigen Schreck einjagen.

Er empfand es als Zumutung, dass sie einfach in seine Wohnung kam. Machte er ja bei ihr auch nicht. Was sie sich bloß einbildete! Dann hatte er eine Idee. Er verließ seine Dienstwohnung, ging an der verschlossenen Rezeption vorbei und erreichte nach kurzer Zeit das Werkstattgebäude. Er sägte sich einen Keil zurecht, den er unter die Eingangstür seiner Dienstwohnung schieben würde, womit er dann seine Ruhe hätte. So fand er endlich in den Schlaf, wenn auch nur einen sehr kurzen.

Am nächsten Morgen empfing ihn die Chefin in der Rezeption mit einem Donnerwetter.

»Sag mal, tickst du jetzt völlig aus?«

»Was ist denn jetzt schon wieder?«

»Mitten in der Nacht so einen Lärm machen. Was hast du denn um diese Zeit noch in der Werkstatt gemacht?«

»Ich dachte, das gefällt Ihnen, wenn ich durcharbeite«, antwortete er und ging wieder in seine Werkstatt.

»Du bist einfach nur unmöglich«, rief sie ihm hinterher.

Gelbe Umschläge

Einige Tage später traf bei der Chefin ein gelber Umschlag ein; eine förmliche Zustellung des Arbeitsgerichts. Sie riss ihn auf, las und schüttelte den Kopf. Sie wollte es nicht wahrhaben: Es war Raimunds Klage wegen der Zahlung des Trinkgelds in Höhe von zwanzig Euro. Wenigstens hatte er eingeräumt, dass er zwanzig und nicht, wie zunächst behauptet, nur zehn Euro von den Gästen bekommen hatte. Auch war schon ein Termin für eine arbeitsgerichtliche Güteverhandlung in anderthalb Wochen festgelegt worden.

Sie meinte, dass es nicht schaden könne, wenn sie ihre Sicht des Ganzen einmal zu Papier brachte, und setzte sich an den Computer. Sie schrieb, dass es unter den Mitarbeitern der Pension ganz gerecht zugehe. Die Mitarbeiter der Küche, die als geringfügig Beschäftigten der Reinigung und selbst ihr Ehemann und die mitarbeitende Tochter würden die Trinkgelder in die Kasse legen. Man teile dann zu gleichen Teilen oder es würde abgestimmt, ob man mit dem Geld etwas zusammen unternehme. Sie selbst als Chefin lege Trinkgeld auch sofort in die Kasse, sei aber an der Aufteilung nicht beteiligt.

Der Hausmeister aber, der hier die Zahlung von zwanzig Euro begehre, habe zunächst so getan, als ob er gar kein Trinkgeld erhalten hätte, dann eingeräumt, lediglich zehn Euro bekommen zu haben, und letztlich habe es sich herausgestellt, dass er sogar doppelt so viel gewesen sei. Als Hausmeister sei er derjenige, der am wenigsten Trinkgeld bekomme, da er ja nur selten direkten Kontakt mit den Gästen habe. Er sei also derjenige, der am meisten an dieser Regelung partizipiere.

Die Chefin tütete dieses Schreiben in einen Umschlag ein und sandte es ans Arbeitsgericht. Frohen Mutes ging sie zu der Güteverhandlung.

Raimund Gerstenberg war schon vor seiner Chefin am Gericht eingetroffen. Er grüßte sie nicht. Nach dem Aufruf der Sache gingen beide in den Verhandlungssaal. Beide hatten in der Sicherheit der Richtigkeit ihrer Argumente keinen anwaltlichen Vertreter hinzugezogen.

Als die freundliche Richterin in den Sach- und Streitstand einführte, meinte die Chefin, von ihrem Glauben abfallen zu müssen. Das Trinkgeld sei hier Gerstenberg für seinen nächtlichen Einsatz gesondert gewährt worden. Zwar gebe es durchaus Fallgestaltungen, bei denen der Trinkgeldgeber einem ganzen Team eine Zuwendung leisten möchte, aber so ein Fall sei hier gerade nicht gegeben. Eine einseitig vom Arbeitgeber vorgegebene Umgangsweise bezüglich des Trinkgeldes binde den Arbeitnehmer nicht. Selbst wenn das Geld an den Arbeitgeber direkt ginge, es aber ersichtlich die Honorierung für die Leistung eines bestimmten Arbeitnehmers sei, stehe es diesem Arbeitnehmer zu.

Alle Einwendungen der Chefin nützten ihr nichts, und Raimund wurde auf der Klägerseite immer größer und strahlte.

Zwar gab es einen Hinweis der Richterin, dass es unüblich sei, in einem intakten Arbeitsverhältnis wegen einer solchen Summe zu klagen, und es zu befürchten stehe, dass eine solche Klage die Beziehungen, auch zu den Kollegen, nicht unbedingt verbesserten, Raimund jedoch ließ sich nicht darauf ein. Er wolle sich nicht irgendwie auf einen krummen Vergleich einigen, erklärte er, da »Recht bleiben muss, was Recht ist«.

So, wie die Richterin es befürchtet hatte, entwickelte sich dann auch die Situation in der Pension. Die Kollegen waren über Raimunds Klage genauso verärgert wie die Chefin. Sie mieden ihn immer häufiger, während

Raimund sich seiner Chefin überlegen fühlte. Sowieso sei seine Leistung für die Pension die maßgebliche, und man könne nicht auf ihn verzichten.

Die Chefin vertrat eine andere Auffassung und kündigte das Arbeitsverhältnis, da die Zustände aus ihrer Sicht unerträglich waren. Siegesgewiss erhob Gerstenberg hiergegen erneut Klage, und der Chefin ging wieder ein gelber Umschlag zu. Diesmal sah es im Rechtsstreit jedoch völlig anders aus. Das Kündigungsschutzgesetz fand wegen der geringen Zahl der Arbeitnehmer, die die Pension beschäftigte, gar keine Anwendung.

Gerstenberg nahm sich nach der gescheiterten Güteverhandlung einen Anwalt, der jedoch im Kammertermin die Beendigung des Arbeitsverhältnisses für ihn nicht abwenden konnte. Einem Vergleich dahingehend, dass er die Dienstwohnung noch drei Monate über die Beendigung des Arbeitsverhältnisses hinaus nutzen dürfe, stimmte Raimund nicht zu; geschenkt wolle er nichts haben.

Bisher hatte die Frage der Räumung der Dienstwohnung für beide Seiten überhaupt nicht im Streit gestanden. Die Chefin ging davon aus, dass Raimund mit der Beendigung des Arbeitsverhältnisses natürlich auch die Dienstwohnung der Pension beräumen werde. Der Hausmeister erklärte, dass er sich darüber noch gar keine Gedanken gemacht habe, er aber die Wohnung räumen werde, wenn er dazu verpflichtet sei.

Nach dem verlorenen Rechtsstreit änderte Raimund jedoch wieder einmal seine Ansicht zu der Sache und machte keinerlei Anstalten, die Dienstwohnung zu verlassen. Die Chefin sprach ihn, als sie bemerkte, dass Raimund keine Vorbereitungen für einen Auszug traf, darauf an. Er erwiderte nur, dass er keine Veranlassung sehe, sich mit ihr darüber zu unterhalten. Ein paar Meter weiter drehte er sich um und schrie sie an, dass sie ihn gefälligst in Ruhe lassen solle, und fragte dann aggressiv, ob sie froh sei, sein Leben zerstört zu haben.

Die Chefin beauftragte einen Anwalt, der vor dem Amtsgericht eine Klage auf Räumung und Herausgabe der Wohnung erhob. Das Amtsgericht schätzte jedoch ein, dass es sich hier nicht um ein übliches Mietverhältnis handele, sondern um ein Vertragsverhältnis über eine sogenannte echte Dienstwohnung, und die Sache deshalb an das Arbeitsgericht zu verweisen sei.

Als der Beschluss Raimund Gerstenberg zugestellt wurde, rannte er damit gleich vor zur Rezeption und knallte das Schreiben auf den Tresen.

»Da hat es Ihre Pfeife von Anwalt aber ordentlich verkackt, was? Der ist genauso blöd wie Sie, was? Weiß nicht einmal, an welches Gericht er sich wenden muss.«

»Benimm dich hier wenigstens die letzten Tage ordentlich, wenn du nicht in der Lage bist auszuziehen, so, wie es sich gehört.«

»Ordentlich? Sie werden schon sehen, was passiert, wenn Sie das durchziehen.« Er schaute sie durchdringend an, und der Frau wurde etwas mulmig zumute. »Sie kriegen mich hier nicht so einfach raus! Wenn Sie mich hier räumen lassen, werden Sie das bereuen. Das verspreche ich Ihnen!«

Die Güteverhandlung vor dem Arbeitsgericht scheiterte, da Raimund nicht einsah, weshalb er die Wohnung räumen sollte. »Jetzt, als Gekündigter, da können Sie doch vergessen, dass sich irgendein Vermieter in der Gegend herablässt, um mit mir einen Mietvertrag zu schließen«, erklärte er der Richterin.

»Dass das nicht einfach wird, da werden Sie recht haben«, meinte die Richterin. »Das ist aber Ihr Risiko bei

einer Dienstwohnung. Mit dem Ende des Arbeitsverhältnisses endet grundsätzlich auch das Nutzungsrecht
hinsichtlich der Wohnung.«

Die Chefin gab zu bedenken: »Damals, als er bei uns
angefangen hat, war es ja auch so, dass er keine andere
Wohnung gefunden hatte und froh darüber war, eine
Arbeit zu bekommen, die das Recht zur Nutzung einer
Wohnung vor Ort gleich mit einschloss.«

»Seien Sie doch bloß ruhig«, fuhr Raimund seine frühere Arbeitegeberin an. »Sie waren doch froh, einen
Dummen gefunden zu haben, der Ihnen die Arbeit auch
mitten in der Nacht und an Sonntagen erledigt.«

Die Richterin forderte Raimund wegen seines Ton-
falls zur Mäßigung auf.

Die Chefin stellte klar, dass die Anweisungen zur
Arbeit in den Nachtstunden und am Wochenende immer nur solche waren, die wegen der Notfallsituation
auch erteilt worden wären, wenn Raimund außerhalb
gewohnt hätte.

Die Parteien kamen aber nicht überein, weshalb ein
Kammertermin bestimmt werden musste.

Die Rechtslage hatte sich bis dahin für den ehemaligen Hausmeister nicht verbessert. So erging am Ende
der Sitzung das Urteil, auf dessen Grundlage Raimund
verpflichtet wurde, die Dienstwohnung herauszugeben.

Uneinsichtig, wie Raimund war, unternahm er
nichts, um die Dienstwohnung zu verlassen. Es musste
ein Gerichtsvollzieher mit der Räumung beauftragt
werden. Dieser hatte sich für den kommenden Tag angekündigt.

Zwetschgenbrand

»Ich hätte in Berufung gehen sollen«, dachte sich Raimund. »Ich habe mich von der Richterin zu schnell einwickeln lassen und ihr einfach Glauben geschenkt. Die war von vornherein gegen mich. Da wird es doch Mieterschutzvorschriften geben, verdammt noch mal. Man kann doch in unserem Land nicht einfach irgendjemanden so einfach auf die Straße setzen.« Er dachte an die Chefin, die ihm nur Unheil eingebracht hatte. Er wollte doch einfach nur so ein Scheißspießerleben führen wie andere auch, wie die Gäste der Pension, wie die anderen, die hier arbeiteten. Nun hatte die Chefin ihm alles genommen.

Für den nächsten Tag hatte sich die Gerichtsvollzieherin zur Räumung angekündigt. Noch könnte er einfach seine Sachen packen und hier abhauen. Das sah aber nach Flucht aus und so, als ob er einknicken würde. Noch hatte er den ganzen Abend vor sich. Was würde er tun, einfach den Morgen abwarten, bis jemand an die Tür klopfte, oder mit einem richtigen Paukenschlag das Haus verlassen? Er dachte an das Haus der Eltern. Es war richtig, was er getan hatte: Niemand hatte das Recht, ihm einfach die Erinnerungen an seine Jugend zu stehlen. Genauso hatte die Chefin hier nicht das Recht, ihm die Grundlagen seiner Existenz zu rauben.

Er würde ihr einen ordentlichen Denkzettel verpassen, so viel stand fest. Nur was er machen würde, das war ihm noch nicht klar. Natürlich könnte er auch hier die Elektrokabel kappen oder … Raimund saß im Stuhl und grübelte. Das Haus seiner Eltern wollte er ja auch erst niederbrennen. Er hätte es auch getan, wenn er die Möglichkeit gehabt hätte. Hier würde es ein Höllenfeuer geben. Wie viele Gäste waren noch im Haus? Dieses Pärchen aus Norddeutschland. Die waren nett und glaubten, dass er hier noch arbeitete. Mit denen verstand er sich gut und würde auch nicht wollen, dass die verletzt würden. Die Chefin würde vielleicht noch im Hause herumkriechen. Aber da müsste er sehen, was geschah. Schade wär es um die nun wirklich nicht.

Als so einige Minuten vergangen waren, ging er an den Kühlschrank. Gähnende Leere schlug ihm entgegen. Er freute sich über die Bratensoße, die sich im Kühlschrank genauso verteilt hatte wie das Öl aus der Flasche und der Joghurt aus dem Becher, die nicht richtig verschlossen gewesen waren. Seit er wusste, dass er hier rausmusste, hatte er nichts mehr sauber gemacht. Sollten die doch sehen, wie sie das alles wieder hinbekamen! Nur noch eine fast leere Packung mit Speck lag in einer Plastikfolie herum, ein Glas mit schimmelnder Marmelade und die Flasche Öl, die er extra hingelegt hatte, damit in aller Ruhe Tropfen für Tropfen herauslaufen konnte. Hungrig schlug er die Tür wieder zu, ging zum Wasserhahn und trank ein Glas Wasser.

»Ein Schnaps wäre zum Abschied genau das Richtige«, schoss es ihm durch den Kopf. »Klar doch! Vorhin stand doch der Wagen von der Brennerei vor dem Haus. Da wird die Alte wieder Ware bekommen haben.« Er hatte sich früher gerne mit den Leuten aus der Brennerei unterhalten, in der einige Dörfer weiter seit über einhundert Jahren Obstbrände hergestellt wurden. Es gab dort nur Brände und keine Obstgeister. Darauf legte man Wert. Auch für Raimund kam es nur infrage, Obstbrand zu trinken. Na ja, vielleicht auch mal einen Geist, wenn nichts anderes zu haben wäre.

Er machte sich auf den Weg zur Rezeption, die unbesetzt war. Er ging um den Tresen herum und drückte die Klinke an der dahinterliegenden Tür herunter. Sie war nicht abgeschlossen, sogar der Schlüssel steckte.

Die Chefin würde noch im Haus herumgeistern. In dem kleinen Zimmer standen zwei Kisten Brände der Brennerei. Er riss den obersten Karton auf und entnahm zwei Flaschen seines Lieblingsbrandes. Mit den beiden Flaschen Zwetschgenbrand verließ er das Zimmer, in dem sonst die Chefin saß.

Als er von einer Frauenstimme angesprochen wurde, durchfuhr ihn ein Schreck, der ihm beinahe die Flaschen aus den Händen gleiten ließ. Er fing sich noch rechtzeitig und blickte nach oben. Es war die Frau des älteren Paares, das er noch im Hause wusste.

»Verzeihung, könnten Sie meinem Mann helfen, die Koffer nach unten zu tragen? Er hat sich auf unserem Ausflug gestern den Fuß verstaucht.«

»Sie verlassen uns schon?«, erkundigte sich Raimund, die beiden Flaschen auf die tiefere Ebene des Tresens stellend.

»Wir haben schon vorhin ausgecheckt. Die Chefin war so freundlich, uns noch einige Stunden später abreisen zu lassen. Mein Mann wollte noch ein wenig den Fuß kühlen.«

»Verstehe! Soll ich gleich helfen?«

»Ja bitte!«

Raimund ging hinauf ins Zimmer, während die Frau unten blieb. Die Koffer standen schon vor der Tür im Flur. Sicher ruhte der Mann noch ein wenig.

Mit den beiden Koffern in der Hand begegnete er der Chefin.

»Was machst du da?«, fuhr sie ihn an.

Raimund blaffte zurück: »Wonach sieht es denn aus?«

»Ich verbiete dir, dich an unsere Gäste heranzumachen!«

»Es war genau umgekehrt«, versuchte er zu erklären. »Die Frau fragte mich, ob ich ihr mit den Koffern helfen könne, da sich der Mann verletzt hat.«

»Papperlapapp! Du machst dich einfach an die Gäste ran, um Trinkgeld zu kassieren.« Sie wandte sich ab. »Morgen bist du raus, und dann hat das alles hier ein Ende.«

»Da können Sie einen drauf lassen. Sie werden sich noch wundern, Sie«, brüllte er ihr zornig hinterher.

Unten am Tresen stand die Frau und begleitete Raimund bis zum Auto. Er lud die Koffer ein. Als sie ins Haus gingen, gab sie ihm fünf Euro Trinkgeld für seine Dienste.

»Danke, dass Sie geholfen haben.«

»Nicht der Rede wert. Das habe ich doch gerne gemacht.«

»Das glaub ich Ihnen«, meinte die Frau wahrheitsgemäß. »Sie sind immer so freundlich … Noch eine Frage …«

»Ja?«

»Sie hatten vorhin zwei Flaschen Obstgeist in der Hand.«

»Ich?« Raimund fühlte sich ertappt.

»Wir würden gerne ein paar Flaschen als Präsente für die Nachbarn mitnehmen. Die haben sich um unser Haus, den Garten und den Hund gekümmert.«

Die Chefin war nicht zu sehen. Raimund blickte sich sicherheithalber noch einmal um. Nun trat auch der Mann hinzu, und sie standen alle drei vor dem Tresen.

»Na ja, das ist kein Geist, das ist ein Edelbrand aus heimischen Hauszwetschgen. Der ist drei Jahre im Eschenfass gereift. Da kostet eine Flasche etwas über zweiundzwanzig Euro.«

»Da nehmen wir vier Flaschen«, meinte die Frau und drehte sich zu ihrem Mann. »Da haben wir für uns auch noch ein Andenken.«

»Ich kann aber nicht herausgeben. Die Kasse ist schon geschlossen.«

Die Frau nestelte an ihrem Portemonnaie und holte einen Hundert-Euro-Schein hervor. »Geben Sie mir die fünf Euro zurück, und dann stimmt das so!«

Raimund nahm das Geld, gab den Fünf-Euro-Schein zurück, ging ins Zimmer nach hinten, zerrte vier Flaschen aus der Kiste, die er zuvor schon aufgerissen hatte, und trug sie nach vorne.

Er hörte die Schritte der Chefin, blickte auf die Gäste, die beiden Flaschen auf dem Tresen und auf die vier Flaschen in seinem Arm.

»Ich trage Ihnen die Flaschen mit hinaus«, sagte er schnell, als seine Chefin hinzukam. Sie erfasste sogleich die Situation. »Was ist denn das mit dem Zwetschgenbrand?«

Die Frau meinte, dass der Angestellte so freundlich gewesen sei und ihnen vier Flaschen davon als Mitbringsel verkauft hätte.

Raimund hoffte, dass die Chefin wegen des Rufs des Hauses vor den Gästen keine Szene machen würde.

»Dieser Mann hat nichts mehr mit dem Hause zu tun«, erklärte sie, um Fassung ringend. »Er ist gekündigt, und morgen wird die Dienstwohnung zwangsweise durch den Gerichtsvollzieher geräumt, da sich dieser Herr trotz eines gerichtlichen Urteils weigert auszuziehen.«

Die Gäste blickten fassungslos.

»Her mit dem Geld!«, forderte die Chefin an Raimund gewandt.

»Da ist mein Trinkgeld fürs Koffertragen dabei«, erklärte dieser.

»Jetzt spinnst du wohl völlig.«

Die Gäste blickten sich einander fragend an.

Raimund stellte die vier Flaschen Brand auf dem Boden ab, gab der Chefin den Hundert-Euro-Schein und ging wort- und grußlos in die Pension zurück.

Am Tresen vorbeistampfend, griff er schnell hinüber und schnappte sich die beiden dort noch stehenden Flaschen.

Flammendes Inferno

Er nahm einen kräftigen Zug von dem Obstbrand. Eine wohlige Wärme durchströmte seinen Körper. Raimund lehnte sich in den Sessel und überlegte, die Flasche in die Höhe haltend, ob er daraus einen Molotowcocktail bauen und diesen vor seinem Auszug in die Rezeption werfen solle. Da würde die alte Krähe aber Augen machen.

»Die ganze Scheiße hier abfackeln«, flüsterte er vor sich hin. All das, was ihm wieder nur Leid und Unglück eingebracht hatte. Sein Blick durchstreifte den Raum. Würde er hier wirklich die letzte Nacht verbringen, bevor sie ihn endgültig hinaussetzten? Wütend knallte er die Flasche auf den Tisch.

Die Richterin am Arbeitsgericht, die war genauso wie die anderen Menschen, die mit ihm umsprangen, wie sie wollten. Erst freundlich und dann mit 'nem Messer in den Rücken. Da, wo es kaum was kostete, bei der Sache mit dem Trinkgeld, da hatte sie ihm recht gegeben. Aber da, wo es um die Wurst ging, um seinen Job und die Bude hier, da hatte die Chefin Recht bekommen.

»Das ist alles nur Augenwischerei«, rief er lauter, als er es beabsichtigt hatte. Wieder griff er zur Flasche und nahm einen großen Schluck. Und wieder glitt sein Blick im Zimmer entlang. »Am besten, ich fackle die ganze Hütte ab!« Er überlegte, ob er bei den Fahrzeugen oder dem Rasenmäher Benzin finden würde. Die Schlüssel, die er jeweils bräuchte, hatte er. Die Situation kam ihm sehr ähnlich den Stunden vor, die er durchlebt hatte, als er das Haus seiner Eltern zerstören wollte. Was er damals nicht geschafft hatte, würde er diesmal vollenden.

Eine halbe Stunde und eine halb geleerte Flasche später ging er in Richtung Rezeption. Er wollte nach draußen, um nach Benzin zu schauen. In der Rezeption brannte immer noch das Licht. Er sah aber niemanden.

Als er weiterging, erscholl eine Stimme aus Richtung des Tresens: »Was ist mit den beiden gestohlenen Flaschen?« Die Chefin richtete sich auf. Sie hatte so hinter dem Tresen gesessen, dass er sie nicht sehen konnte.

Raimund drehte sich zurück zum Tresen und blaffte: »Die kannst du dir sonst wohin schieben, du Schlampe!«

Empört konterte die Chefin: »Du denkst wohl, alle anderen sind blöde und du kannst tun und lassen, was du willst, hä?«

Er ging ein paar Schritte zurück zum Tresen. »Wenn du denkst, du bekommst mich hier so einfach raus, dann hast du dich getäuscht!« Er verließ die Pension in das Dunkel der Nacht.

In vermuteter Sichtweite der Chefin ging er rechts am gegenüberliegenden Nebengebäude vorbei, so dass sie, falls sie ihm nachschaute, denken musste, er wolle sich noch ein wenig die Beine vertreten.

Sobald er sich unbeobachtet fühlte, schwenkte er hinter dem Nebengebäude nach links in Richtung seiner früheren Werkstatt, der Garagen und des Schuppens ab. Aus der Werkstatt holte er Klebeband. Beim Hinausgehen, schon als er die Hand auf dem Lichtschalter hatte, fiel sein Blick auf die kleine Holzsäge mit dem roten Griff, die Säge, die sein Vater vom Großvater geerbt hatte. Egal, was in den kommenden Stunden passieren würde, die Säge würde er der Chefin nicht lassen, eher würde er sie im Wald wegschmeißen und verrotten lassen. Im Schuppen mit dem Rasentraktor fand er dann einen Kanister mit ausreichend Benzin.

Er setzte sich mit dem Kanister an den Waldrand direkt hinter der Pension und beobachtete das Gelände. Nach einiger Zeit bekam er Durst. Den Obstbrand hatte er im Zimmer stehengelassen. Auf den Benzinkanister blickend, überlegte er, ob er sich vor das Gebäude stellen, sich das Benzin übergießen und sich anzünden sollte. Jetzt würde das nicht viel Aufsehen machen. Wenn die Gerichtsvollzieherin käme, dann wäre es schon sinnvoller. Oder noch besser, wenn sie mit der Polizei anrückte, weil er sich weigerte auszuziehen. Dann würden sie alle mal sehen, wie viel Elend sie über andere Menschen brachten. Aber wen würde er damit wirklich schädigen? Doch nur sich selbst. Die würden sagen, er wäre verrückt gewesen oder geworden, und das war es dann.

Entschlossen erhob er sich und ging mit dem Benzinkanister in Richtung des Haupthauses. Das Licht in der Rezeption brannte immer noch. Die Chefin musste doch schon lange Feierabend gemacht haben. Sie würde sich das Spektakel morgen doch nicht entgehen lassen und war sicher schon zu Bett gegangen. Was sollte sie denn auch machen, wenn sie ihn mit dem Benzinkanister laufen sah? Ihm den Kanister entreißen? Ganz sicher nicht! Er lachte kurz auf. Und tatsächlich, er ging an der Rezeption vorbei, ohne dass jemand seinen neugierigen Kopf hochriss. Sollte die alte Kuh doch das Licht anlassen. Musste die doch bezahlen.

In seinem Zimmer angekommen, nahm er wieder einen ordentlichen Schluck aus der Flasche. Er holte das Dichtungsband und beklebte damit die Fensterrahmen. Danach ließen sich die Fenster nur noch mit gehöriger Anstrengung schließen. Aber das war so gewollt. Anschließend zog er alle Vorhänge an den Fenstern zu.

In aller Seelenruhe füllte er den Wasserkocher mit Benzin. Er schaltete überall das Licht an, drückte die Taste, um das Radio zum Spielen zu bringen, steckte den Stecker seines Rasierapparats in die Steckdose und schaltete auch diesen ein; irgendeines dieser Geräte würde den Funken oder die Hitze hervorrufen, die er für den Riesenknall brauchte. Den Rest der ersten Flasche trank er in einem Zug. Die zweite Flasche blieb verschlossen auf dem Tisch stehen.

Er nahm den Benzinkanister zur Hand; darin war immer noch genügend Flüssigkeit, um seinen Plan in die Tat umzusetzen. Sein Blick fiel auf sein Handy und die danebenliegende Säge des Großvaters. Beides würde er nun nicht mehr brauchen. Niemand würde sie je mehr benötigen. Alles zerfiel in dieser Welt. Jeder, der Geld hatte, konnte mit den anderen umspringen, wie er wollte, ihm das Haus, die Wohnung, den Beruf, die Ehre … wegnehmen. Er spuckte voller Abscheu auf den Boden. Sie bräuchten einen Denkzettel. Sie alle. Er musste es tun. Er hatte doch nur ein einfaches Leben führen wollen. Raimund schaltete den mit Benzin gefüllten Wasserkocher an und verließ mit Kanister und Feuerzeug das Zimmer, das er hinter sich abschloss.

Wieder ging er langsam den Flur in Richtung Rezeption, diesmal jedoch mit torkelndem Gang. Da war ja immer noch Licht. Ihn immer zurechtweisen wollen, wenn er irgendwo Licht anließ, aber selber die größte Stromverschwenderin sein. So eine doppelzüngige …

Mit Schwung vergoss Raimund das Benzin über die Rezeption. Mit entsetztem Blick schoss die Chefin benzinübergossen hinter dem Tresentisch hervor. Sofort rief sie panisch um Hilfe.

Raimund vergoss weiter Benzin. Als er das Feuerzeug hervorholte, stürzte die Geschäftsführerin auf ihren ehemaligen Angestellten zu. Es kam zu einer Rangelei. Als sie die Hand, in der er das Feuerzeug hielt, mit beiden Händen fest umschloss, fasste er sie mit der freien Hand am Hals, drückte sie an die Wand und ließ nicht los. Irgendwann musste sie doch seine Hand freigeben. Er drückte fester zu. Sie riss ihre Augen auf und starrte ihn an. Endlich ließ sie die Hand los, in der sich das Feuerzeug befand, um sich gegen den Würgegriff zu wehren. Aber schon ließ er von ihr ab. Er hatte das Feuerzeug und konnte seinen Plan vollenden.

Die Chefin rannte in den kleinen Raum hinter der Rezeption, dort, wo auch die Kisten mit dem Schnaps standen, und warf die Tür hinter sich zu.

Raimund sah den Schlüssel und überlegte nur kurz, sie einzuschließen. Diesen Gedanken verwarf er aber sofort und schüttete den Rest Benzin in die Rezeption. Dann trat er zurück, nahm sich Papier vom Tresen, entzündete dies, ging noch weiter zurück und warf das Papier in Richtung Tresen. Bevor das brennende Papier irgendwo landen konnte, entzündete sich mit einem dumpfen Knall erst die benzingeschwängerte Luft und dann … Dann brannte die Rezeption lichterloh.

Raimund erschrak. Er lief torkelnd aus der Pension heraus und weiter in den Wald.

Die Chefin versuchte, die Tür zu öffnen, schaffte dies aber nicht sofort und war der Meinung, eingeschlossen worden zu sein. Sie öffnete das Fenster des ebenerdig liegenden Raumes und kletterte ins Freie.

Der Haupteingang wurde durch das Feuer in ein flackerndes bernsteinfarbenes Licht getaucht. Die Chefin erfasste sofort, was passiert sein musste, und rief Feuerwehr und Polizei.

Die Einsatzkräfte waren schnell vor Ort. Die Löschfahrzeuge standen vor dem Haus, die Polizeiwagen einige Meter davon entfernt.

Die Feuerwehrleute rollten schon wieder die Schläuche zusammen. Überall im Erdgeschoss tropfte das Wasser von der Decke. Ein schmieriger grauschwarzer Matsch bahnte sich seinen Weg von den Wänden auf den Boden.

Eine Polizistin nahm vor dem Gebäude zusammen mit ihrem Kollegen ungläubig die Angaben der Hotelchefin auf. Kopfschüttelnd wiederholte die Beamtin ihre Frage: »Weil seine Dienstwohnung geräumt werden sollte?«

»Ja doch, wie ich es sagte«, beteuerte die Chefin mit verheultem Gesicht und zeigte wiederholt in Richtung der Dienstwohnung.

»Und wo hält er sich jetzt auf?«

»Weiß ich doch nicht. Ich bin froh, dass ich noch lebe.«

»Sie hatten da aber auch wirklich Glück im Unglück«, kommentierte der Polizist und fing von seiner Kollegin dafür einen Blick ein, der besagte, dass die Frau derartigen Trost im Moment nicht brauchte.

Die Chefin fing wieder an zu weinen. Nachdem sie sich ein wenig beruhigt hatte, meinte sie schluchzend: »Vielleicht ist der Verrückte ja wieder in sein Zimmer gegangen.«

Der Polizist rief einen Kollegen heran, und beide begaben sich in das Gebäude, vorbei an den Feuerwehrmännern. Als der eine schon dicht an der Tür der Dienstwohnung war und der zweite Beamte einige Schritte hinter seinem Kollegen, gab es eine gewaltige Explosion.

Die Polizisten und selbst die noch weiter entfernt stehenden Feuerwehrleute wurden durch die Druckwelle zu Boden geschleudert. Der Beamte, der dicht vor Raimunds Wohnung gestanden hatte, wurde ebenfalls umgerissen und von der aus den Angeln gesprengten Tür getroffen, die auf ihm zu liegen kam. So schlug der Feuerball zwar in den Flur, traf aber nicht auf die Männer.

Vor dem Haus duckten sich bei der Explosion alle Personen instinktiv. Erst barsten klirrend die Scheiben, dann löste sich der Teil der Fassade, hinter dem Raimunds Wohnung lag. Nachdem sich der Qualm verzogen hatte, gähnte ein riesiges Loch in der Hausfront, aus dem Flammen schlugen und in das darüberliegende erste Geschoss züngelten.

Wenig später wurde der schwer verletzte Polizist mit dem Rettungswagen ins Krankenhaus gefahren, gefolgt von zwei weiteren Fahrzeugen mit dem etwas leichter verletzten Kollegen und dem Feuerwehrmann.

Raimund irrte betrunken durch den Wald, abseits der Wege. In der Ferne hörte er die heranrückende Feuerwehr. Er fing an zu rennen, soweit er das in seinem Zustand schaffte. Dabei stolperte er über eine Wurzel, strauchelte und fiel. Erst versuchte er, sich aufzurappeln, dann verließen ihn jedoch seine Kräfte, und er gab dem Gefühl der Müdigkeit nach. Viel später wurde er aus seiner Umnachtung gerissen, als ein dumpfer Knall durch den Wald hallte. Raimund war selbst in seinem Zustand klar, was passiert sein musste.

»Hoffentlich wurde niemand getötet«, war sein letzter Gedanke, bevor ihn wieder der Schlaf erfasste.

In der Polizeiwache des nahe gelegenen Städtchens herrschte Hochbetrieb, obwohl die Leitung der Ermittlungen schon vom Spezialdezernat der Kriminalpolizei für Branddelikte des Polizeipräsidiums übernommen worden war. Die Ringalarmfahndung hatte bisher nichts ergeben. Sie war wegen der besonderen Umstände des Einzelfalles lediglich auf einen Radius von zwanzig Kilometern um den Tatort beschränkt worden, da Raimund nach den Angaben seiner Chefin stark angetrunken war und über kein Fahrzeug verfügte.

Raimunds Schwester war aus dem Schlaf geholt worden, um sie nach ihrem Bruder zu befragen, was sich als wenig zielführend erwies. Doch hatte man so die Anschrift der letzten Freundin erhalten. Deren Auskünfte über Raimund fielen ebenso spärlich aus. Familiäre oder soziale Bindungen hatte er hinter sich abgebrochen. In sozialen Netzwerken war er nie zu Hause gewesen. Sein Handy war Opfer der Flammen geworden.

»Ich …«, begann der Zivilist in der Wache. Weiter kam er nicht.

»Sehen Sie nicht, dass wir beschäftigt sind?«, rief ihm ein uniformierter Beamter zu.

»Ich«, setzte der Mann nochmals an, »habe in der Pension ein Feuer gelegt.«

Der Beamte, der ihn gerade noch unterbrochen hatte, blickte ungläubig vom Bildschirm auf, ein anderer stellte seine Kaffeetasse ab, und ein dritter nahm den Telefonhörer in die Hand.

Das Mandat

Rechtsanwalt Kutzner erschütterte nichts so schnell. Seit Jahren arbeitete er in einer größeren Kanzlei, deren Teilhaber er war, schwerpunktmäßig im Strafrecht. Auch wenn ein Fall zunächst ausweglos erschien, wusste er, dass die Sache erst mit rechtskräftigem Urteil endete.

»Frau Kösicke vom Amtsgericht«, kündigte seine Rechtsanwaltsfachangestellte die Anruferin an. »Sie hat eine neue Haftsache.«

Ein kurzes Knacken ertönte aus dem Hörer.

»Hallo, Ines?« Kutzner kannte die Richterin am Amtsgericht seit Jahren. In den Verhandlungen siezten sie sich. Wenn sie unter sich waren, gingen beide automatisch zum Du über.

»Ich hätte eine neue Haftsache für dich.«

»Hm«, gab Kutzner statt einer Antwort zurück und erkundigte sich: »So ein Pflichtmandat, wo ich mir für ein paar Hundert Euro den ganzen Arbeitstag verderbe und zu nichts anderem komme?«

»Deine Begeisterung hält sich aber in Grenzen«, witzelte die Richterin. »Eine Honorarvereinbarung können wir dir nicht anbieten. Aber der Fall scheint interessant.«

»Ach so?« Kutzners Neugier war geweckt.

»Du hast es bestimmt schon in der Zeitung gelesen.«

»Jetzt spann mich mal nicht auf die Folter. Was soll ich in der Zeitung gelesen haben?«

»Die Sache mit dem gekündigten Hausmeister, der die Dienstwohnung räumen sollte und stattdessen ein Feuer gelegt hat, bei dem mehrere Personen verletzt wurden.«

»Darüber habe ich in der Tat gelesen. Welches Delikt wird ihm zur Last gelegt?«

»Die Staatsanwaltschaft geht von versuchtem Mord aus, dann haben wir noch eine schwere Brandstiftung, die …« Die Richterin machte eine kaum vernehmbare Pause, blickte auf den Antrag der Staatsanwaltschaft auf Erlass eines Haftbefehls und fuhr sie fort: »… vorsätzliche Herbeiführung einer Sprengstoffexplosion und Körperverletzung.«

»Hat er sich schon in der Sache eingelassen?«

»Ja, aber nicht umfänglich. Wie ist es, übernimmst du?«

Da Kutzner sich nicht sofort entschied, drohte sie: »Ich kann ein paar deiner Kollegen anrufen. Die reißen sich sicher um die Sache.«

Sie hätte ihn auch gesetzlich dazu verpflichten können, die Sache zu übernehmen. Doch das war nicht ihre Art. Anwälte, die ein Mandat nicht übernehmen wollten, sollten ihrer Ansicht zufolge auch nicht dazu gezwungen werden.

»Hört sich interessant an. Gut, ich mach's!«

Ein gutes halbes Jahr später saß Rechtsanwalt Kutzner am Morgen des Prozessbeginns in der Kanzlei. Erst sträubte sich alles in ihm, als er schon auf Seite zwei in fetten Lettern las: »Heute Prozessauftakt im Fall des Feuerteufels«. Den Artikel musste er nicht gelesen haben. Die Journalisten hatte Raimund Gerstenberg schnell den markigen Namen verpasst und ihr Urteil längst gefällt. Vom Gericht waren im Vorfeld keine Statements abgegeben worden, die einen Befangenheitsantrag gerechtfertigt hätten. Als Anwalt liest man Zeitungen eben unter völlig anderem Blickwinkel. Vielleicht war dieser kurzen Notiz hier doch etwas zu entnehmen. Kutzner las:

»Ein Wunder war vor über sechs Monaten geschehen: Niemand ist getötet worden. Der Feuerteufel ließ Feuerwehrleute und Polizei in eine grausame Falle tappen. Schon waren sie im Begriff, vom Tatort abzuziehen, und in Gedanken bei der Nachbereitung des Einsatzes, als die Hölle über sie hereinbrach. Eine Detonation erschütterte das Hotel bis ins Mark. Ein schwerverletzter und ein leicht verletzter Polizeibeamter sowie ein verletzter Feuerwehrmann mussten aus den Trümmern geborgen werden. Es war nur dem Zufall zu verdanken, dass nicht Schlimmeres passiert war. Auch dass die Geschäftsführerin noch lebt, grenzt an ein Wunder. Ein Schwall Benzin hatte sich völlig unerwartet über sie ergossen, als sie sich plötzlich in einem Handgemenge mit ihrem Angreifer sah. Noch lange nach der Tat zeich neten sie die Würgemale, die der Feuerteufel ihr beigebracht hatte …«

Kutzner überflog nur die weiteren Zeilen zum Tatgeschehen, wie es in der Öffentlichkeit dargestellt worden war. Dann waren seine Sinne wieder gespannt:

»Die Pressesprecherin des Landgerichts, Lydia Haase, erklärte, dass es für den Angeklagten im äußersten Fall um eine lebenslange Freiheitsstrafe ginge, weil er sich wegen eines versuchten Mordes und der Herbeiführung einer Explosion zu verantworten hatte.«

»Da hat sie sich ja vorsichtig ausgedrückt«, dachte Kutzner bei sich. Sie würde sich heute sicher auch unter die Öffentlichkeit mischen, um den Prozessverlauf zu beobachten. Angreifbar war die Kammer durch die Äußerungen der Pressesprecherin kaum. Diese war zwar auch Richterin, aber eben nicht Richterin in der Kammer, die in dieser Sache zu verhandeln und zu entscheiden hatte. Vor der Verhandlung konnte eine Pressesprecherin die Informationen durch mehrere Quellen erlangt haben: durch Gespräche mit dem Vorsitzenden oder einem der Berichterstatter, durch Lektüre der Anklageschrift und so weiter. Die Journalisten fragten nie, woher genau die Pressesprecherin welche ihrer Informationen hatte. Sie würde auch nie den Fehler machen und Informationen, die die Kammer auch nur in die Nähe einer Befangenheit bringen konnten, dieser zuordnen.

Der Name »Sturzbacher« fiel ihm ins Auge, der einige Zeilen tiefer stand. Da ein versuchter Mord angeklagt worden war, fiel diese Sache nun in die Zuständigkeit des Schwurgerichts, dem Richter Sturzbacher vorstand. Die Richterin, die ihm vor einigen Monaten das Mandat angetragen hatte, hatte mit der Sache nichts mehr zu tun. Mit seinen Partnern in der Kanzlei hatte er wegen des Umfangs der Vorbereitungen so manchen Streit auszufechten gehabt. Zudem hatte sich Gerstenberg als schwieriger Mandant erwiesen. Immer wieder forderte er Besuche in der Untersuchungshaft, um einzelne Passagen der Vernehmungsprotokolle der Zeugen mit seinem Verteidiger durchzuarbeiten. Er hatte dabei auch völlig falsche Vorstellungen von den Inhalten und Zielen der Verhandlung und unterstrich einfach, doppelt und je nach seiner Gewichtung auch farbig die einzelnen Wörter und meinte, »dass er in der Verhandlung viel geradezurücken« hätte.

Für Kutzner kam es maßgeblich darauf an, seinen Mandanten vom Vorwurf des versuchten Mordes freizusprechen. So weit glaubte er seinem Mandanten auch.

Gerstenberg wollte hingegen den Prozess als Bühne nutzen, um darzustellen, wie schlimm es ihm seit seiner Jugend ergangen sei, dass niemand für ihn Verständnis hatte und welche Odyssee er während des Arbeitsverhältnisses im Hotel mit einer herrschsüchtigen Geschäftsführerin durchgemacht habe. Die Einwendungen seines Verteidigers, dass er dann als uneinsichtiger, selbstgerechter Täter dastehen werde, der das Opfer seiner Tat nun als eigentliche Verursacherin brandmarken wolle, und dass dies im Strafprozess nicht förderlich sei, verwarf der Mandant.

Bei dem Interview zu diesem Artikel hier würde sich Sturzbacher aber nicht durch unbesonnene Äußerungen angreifbar gemacht haben. Kutzner las weiter: »Der Vorsitzende Richter am Landgericht Dr. Sturzbacher, der die heute beginnende Verhandlung leiten wird, teilte mit, dass auch zu prüfen sein werde, ob der Angeklagte in eine psychiatrische Klinik eingewiesen werden müsse. Der psychiatrische Gutachter Dr. Berthold Tramm wird an allen sieben Verhandlungstagen anwesend sein. Es werden mehr als zwanzig Zeugen und Sachverständige gehört werden.«

Anwalt Kutzner schritt eine knappe Stunde später, das Notebook in der Hand und die Anwaltsrobe über den Unterarm gelegt, auf das altehrwürdige Gerichtsgebäude zu. Sein Mandant würde aus der Untersuchungshaft hierhergebracht werden; sicher saß er schon unten im Haftkeller des Gerichts. Die Gänge waren so angelegt, dass die Angeklagten direkt in den großen Verhandlungssaal gebracht werden konnten, ohne die öffentlichen Flure zu betreten. Kutzner hatte alles mit seinem Mandanten besprochen und musste ihn jetzt, vor der Verhandlung, nicht mehr aufsuchen; sie würden sich gleich sehen, wenn Gerstenberg in den Gerichtssaal geführt, der Justizwachtmeister ihm die Handfessel abnehmen und er neben ihm Platz nehmen würde.

Bevor er den Verhandlungssaal betrat, warf Kutzner den obligatorischen Blick auf die Terminrolle, den Aushang, den es vor jedem Sitzungssaal geben muss. Selbstverständlich wusste der Anwalt um seinen Termin. Es galt aber, den Grundsatz der Öffentlichkeit des Verfahrens zu wahren. Insbesondere der Ortstermin in der Pension als Fortsetzungstermin musste so kenntlich gemacht sein, dass jeder, der am Termin Interesse hatte, diesen würde verfolgen können.

Dieser Termin war Kutzner sehr wichtig. Er glaubte nicht, dass sein Mandant die Geschäftsführerin hatte umbringen wollen. Selbst hatte er den Tatort schon in Augenschein genommen. Er musste immer lächeln, wenn Mandanten eigene Ermittlungen des Verteidigers forderten, die ihre Unschuld beweisen sollten. Natürlich gab es solche Situationen, aber sie waren die Ausnahme. Die Mandanten sahen einfach zu viele Filme und schlossen dann von diesen auf die Realität.

In diesem Fall hier war es ihm aber wichtig gewesen, ob die Angaben seines Mandanten stimmten, es also möglich war, dass er die Geschäftsführerin mit Benzin übergossen hatte, ohne sie zu sehen. Wenn er sie gesehen, mit Benzin übergossen und dann das Feuer entfacht hatte, würde schon einiges für die Darstellung der Staatsanwaltschaft sprechen, die versuchten Mord angeklagt hatte. Wenn hingegen die Geschäftsführerin so am Tresen hatte arbeiten können, dass Gerstenberg sie nicht sah, als er das Benzin verschüttete, war die Vorsätzlichkeit nicht gegeben.

Wäre dieser Termin am Aushang vor dem Sitzungssaal hier nicht so konkret als Ortstermin mit Ortsangabe ausgewiesen gewesen, hätte das einen sogenannten absoluten Revisionsgrund bedeutet, da die Öffentlichkeit des Verfahrens nicht gewahrt gewesen wäre.

So hatte Kutzner erst im letzten Jahr die Aufhebung eines amtsgerichtlichen Strafurteils erreichen können. Sein Mandant hatte zur Verhandlung einen USB-Stick mit einem Video mitgebracht, auf dem eine Aufnahme zu sehen sein sollte, die ihn entlastete. Die Videodatei hatte der dortige Angeklagte erst kurz vor der Verhandlung bekommen. Als man sich den Film in der Verhandlung ansehen wollte, funktionierte die Software nicht, und es war nicht möglich, den Film abzuspielen. Kurzerhand entschloss sich der Richter dazu, den Film auf seinem PC im Dienstzimmer anzusehen. Der Grundsatz der Wahrung der Öffentlichkeit der Verhandlung wurde nun nicht dadurch verletzt, dass das Dienstzimmer kleiner als eine Gefängniszelle war und dort außer den Verfahrensbeteiligten andere interessierte Personen kaum Platz gehabt hätten, sondern dadurch, dass es versäumt worden war, den Umzug ins Dienstzimmer auf der Terminrolle kenntlich zu machen.

Aus diesem korrekten Aushang im Fall Raimund Gerstenberg aber war nach Kutzners Einschätzung kein Kapital zu schlagen.

Im Verhandlungssaal sah er schon ein Kamerateam des Regionalsenders. Auch Vertreter der örtlichen Presse waren anwesend. Es würde gefilmt und fotografiert werden dürfen, bis die Kammer ihre Plätze eingenommen hatte. Die Protokollantin saß neben dem Richtertisch vor einem Bildschirm und begrüßte den Anwalt mit einem Kopfnicken. Sie konnte im Sitzungsprotokoll schon einmal seine Anwesenheit festhalten.

Gerstenberg wurde durch eine Seitentür von zwei Justizwachtmeistern in den Saal geführt. Einen Moment lang wollte Kutzner schon frohlocken, weil sein Mandant keine Papiere unter den Arm geklemmt hatte, aber dann trat unmittelbar Ernüchterung ein. Einer der Wachtmeister trug ein umfängliches Päckchen von Papieren. Mit den Handfesseln hätte es Raimund sicher Schwierigkeiten bereitet, all seine schriftlichen Unterlagen zu transportieren.

Sofort entstand Unruhe im Saal. Die Kameraleute und Fotografen schossen auf die Seite des Saales zu, auf der Gerstenberg mit seinem Verteidiger sitzen würde. Schließlich hatten sie nur wenige Minuten Zeit, bis die Kammer erscheinen würde. Einer der Wachtmeister schloss die Handfessel auf, der Angeklagte rieb sich die Handgelenke, setzte sich neben seinen Verteidiger und begrüßte ihn. Die Kamera und die Fotoapparate waren auf den Angeklagten und seinen Anwalt gerichtet.

Kutzner musste an die Partner in der Kanzlei denken, die ihn für verrückt erklärt hatten, eine solchen Fall zu übernehmen, bei dem nur die Pflichtverteidiger-Gebühren zu verdienen waren, die gleichzeitig aber so viel Vorbereitung erforderte wie ein Großverfahren. Jedenfalls kam der Kanzlei die kostenfreie Werbung zugute, wenn sein Konterfei nun im Fernsehen und der Presse zu sehen sein würde. Mit derartiger Publicity konnte er seine Partner beruhigen.

Der Prozess

Die Schwurgerichtskammer betrat aus einer im vorderen Teil befindlichen Tür den Saal, so dass die drei in schwarze Roben gekleideten Berufsrichter und die beiden ehrenamtlichen Richter gleich vor ihren Stühlen am Richtertisch standen. Die Anwesenden im Verhandlungssaal erhoben sich.

Nun waren die Kameras und Fotoapparate auf die Richter gerichtet.

Sturzbacher wartete kurz, bis sich das Gemurmel gelegt hatte, und erlaubte dann mit sonorer Stimme: »Nehmen Sie Platz!«

Nachdem er sich gesetzt hatte, sah er noch einen Augenblick in die Kamera, bis er die Arme vor dem Körper kreuzte und forderte: »Das war es jetzt für die Vertreter der Presse und des Fernsehens mit den Aufnahmen.« Die Kameraleute verließen daraufhin den Saal, der Kommentator nahm, genau wie die Vertreter der Presse, in den Reihen der Zuschauer Platz.

Der Vorsitzende eröffnete die Hauptverhandlung, prüfte die Anwesenheit und ließ sie protokollieren. Raimunds frühere Chefin trat mit ihrer Rechtsanwältin als Nebenklägerin im Verfahren auf. Der Vorsitzende übergab dem Staatsanwalt das Wort zur Verlesung der Anklageschrift.

Kutzner fasste seinen Mandanten zur Beruhigung am Unterarm, doch der begann, vor sich hinzumurmeln und wie wild mit dem Kopf zu schütteln, als der Staatsanwalt beim Vortragen der Anklageschrift zum Vorwurf des versuchten Mordes gelangte. Der Vorsitzende hatte dabei auch den Angeklagten im Blick, der auch durchgängig von dem psychiatrischen Gutachter beobachtet wurde.

Der Staatsanwalt las vor, dass der Angeklagte die Geschäftsführerin mit Benzin übergossen habe, um es zu entzünden und so sein Opfer zu töten.

»Lüge!«, unterbrach Gerstenberg, dem Staatsanwalt ins Wort fallend. »Das stimmt alles nicht!«

»Angeklagter, mäßigen und beruhigen Sie sich!«, mahnte der Vorsitzende.

Raimund versuchte, sich zu rechtfertigen: »Wenn das doch nicht stimmt. Recht muss Recht bleiben.«

»Das werden wir hier in der Hauptverhandlung herauszufinden haben. Sie lassen jetzt dem Staatsanwalt das Wort. Weitere Unterbrechungen werden wir nicht dulden. Sie haben nach dem Vortrag der Staatsanwaltschaft das Recht, sich zu allen Vorwürfen zu äußern.« An den Staatsanwalt gewandt, sagte er: »Fahren Sie fort.«

Nachdem der Staatsanwalt die Anklageschrift verlesen hatte, spürte der Verteidiger deutlich, von welch einer Unruhe sein Mandant geplagt wurde. Diesem war es wichtig, »die Dinge ins richtige Licht zu rücken« und dem Gericht zu vermitteln, »von welchem Schlag die Geschäftsführerin sei«.

Sein Anwalt hatte ihm in aller Deutlichkeit geraten, den Vorwurf des versuchten Mordes substantiiert zu bestreiten, jedoch die Vorwürfe zu den anderen Taten reumütig zu bekennen. Keinesfalls sollte er die Geschäftsführerin als Auslöserin der Taten schildern, genauso wenig, wie er die eigenen Taten herunterspielen sollte. All diese Ratschläge schlug der Mandant in den Wind. Kutzner erkannte, dass diese Unfähigkeit zur selbstkritischen Reflexion bei seinem Mandanten derart gravierende Züge annahm, dass wohl auch der Gutachter zu dem Ergebnis kommen würde, darin einen der Indikatoren für ein psychisches Krankheitsbild zu erkennen. Als der Anwalt dies seinen Mandanten wissen ließ, hatte er den Eindruck, dass Raimund erwog, seine eigene Einlassung zu ändern. Länger als einen kurzen Augenblick hielt diese Erwägung leider nicht an.

Der Vorsitzende konnte sich an keine Verhandlung während seiner Tätigkeit als Strafrichter erinnern, bei der sich ein Angeklagter über eineinhalb Stunden unter Zuhilfenahme eigener handschriftlicher Aufzeichnungen zu den Anklagevorwürfen einließ.

Vom Bewerbungsgespräch über den Inhalt all seiner Arbeitsaufgaben, den Ärger mit dem Trinkgeld, die Kündigung des Arbeitsverhältnisses und der Dienstwohnung ließ der Angeklagte keinen noch so unwichtigen Umstand aus. Der Einzige, der bei diesen Ausführungen ein echtes Interesse zeigte, war der psychiatrische Gutachter.

Gerstenberg erklärte zum vermeintlichen Mordversuch, dass er nie vorgehabt habe, seine Chefin zu töten. Ihr einen ordentlichen Denkzettel verpassen und ein Signal setzen, dass man so mit Menschen nicht umgehen könne, das wollte er. Keinesfalls sollte dabei jemand getötet werden.

Gewürgt, so Raimund, habe er die Chefin auch nicht. Er habe sie nur an die Wand drücken wollen und um den Hals gefasst, damit sie in Panik gerate und das Feuerzeug loslasse, welches er zur Ausführung seines Planes benötigte.

Das Gericht, die Protokollantin, der Gutachter, der Verteidiger und selbst die Vertreter der Presse notierten wörtlich die Einlassung des Angeklagten, dass es sich dabei eigentlich nur um eine kleinere Rangelei gehandelt habe.

»Ich habe auch nicht den Raum verschlossen, der hinter der Rezeption liegt, so, wie es der Herr Staatsanwalt behauptet.«

Noch am ersten Verhandlungstag wurde die Hotelchefin als Zeugin gehört. Als Nebenklägerin hatte sie bisher auf der Seite der Staatsanwaltschaft gesessen, nun erhob sich und ging zu dem Platz gegenüber der Richterbank, wo mitten im Saal ein kleiner Tisch mit einem Stuhl davor stand. Aus Sicht der früheren Arbeitgeberin stellte sich die Sache ganz anders dar.

»Selbstverständlich wollte er mich erwürgen. Nur weil der Wahnsinnige dann an sein Feuerzeug gekommen ist, hat er von mir abgelassen.«

Nach Aufforderung des Vorsitzenden erzählte sie dann das Geschehen chronologisch weiter: »Ich bin in Panik nach hinten gerannt. Die Flammen schlugen hinter mir schnell in die Höhe. Er hat dann die Tür hinter mir verschlossen.«

»Lüge, Lüge!«, brüllte der Angeklagte laut, was dem Vorsitzenden wieder Anlass gab, ihn darauf hinzuweisen, dass jetzt die Zeugin an der Reihe sei und nicht er.

»Alle Verfahrensbeteiligten haben sich doch mit großer Geduld auch das angehört, was Sie so ausführlich zu sagen hatten. Nach der Zeugenaussage bleibt Ihnen Gelegenheit, eigene Fragen an die Zeugin zu stellen.«

Jedoch gab der Einwand des Angeklagten schon jetzt dem Vorsitzenden die Gelegenheit, danach zu fragen, ob sich die Zeugin sicher sei, dass der Angeklagte die Tür hinter ihr verschlossen habe.

»Na ja«, ruderte sie zurück, »ich habe mehrfach an der Tür geklinkt. Sie ließ sich nicht öffnen … Es kann auch sein, dass ich in meiner Panik die Türklinke nicht bis zum Anschlag gedrückt hatte, aber das kann ich aus heutiger Sicht nicht mehr beschwören.«

Der Vorsitzende nickte. »Was ist dann geschehen?«

»Was soll schon geschehen sein? Ich wollte nicht sterben. Ich riss das Fenster auf und sprang mit einer Judorolle hinaus.«

Als der Vorsitzende den schon unruhig auf seinem Stuhl hin und her rutschenden Angeklagten fragte, ob er Fragen an die Zeugin habe, gab Gerstenberg gleich zurück: »Ja, ja, habe ich. Und zwar ganz viele. Ich lasse mir nicht gefallen, dass die Frau hier lügt. Lange genug habe ich einfach alles hingenommen, was die und meine feinen Kollegen mit mir veranstaltet haben. Ich habe ja erst nur wenig von dem erzählt, was mir dort passiert ist. Habe ich das mit dem Arbeitsvertrag überhaupt schon erzählt? Sicher ...«

»Angeklagter«, donnerte ein sichtlich genervter Vorsitzender, »beschränken Sie sich darauf, konkrete Fragen an die Zeugin zu stellen.«

»Ja, ja, bin schon dabei. Also, Zeugin, haben Sie mir einen ordentlichen Arbeitsvertrag gegeben?«

Ein wenig irritiert blickend, antwortete die Geschäftsführerin: »Selbstverständlich.«

»Das ist schon wieder eine Lüge«, kommentierte der Angeklagte.

»Sie sollen hier die Aussagen der Zeugin nicht kommentieren, sondern Fragen stellen«, fuhr der Vorsitzende dazwischen.

Gerstenberg nickte. Dann wandte er sich erneut an seine ehemalige Chefin: »Haben Sie mir gleich am ersten Arbeitstag oder davor einen ordentlichen Arbeitsvertrag gegeben, so, wie es üblich ist?«

Jetzt war der Kampfgeist der Befragten geweckt: »Ich weiß nicht, auf welche Frage ich antworten soll, die nach dem Arbeitsvertrag oder die nach der Üblichkeit?«

Nur kurz war Raimund aus dem Konzept gebracht. »Habe ich gleich einen Arbeitsvertrag bekommen?«, fauchte er.

»Jetzt, wo Sie es fragen ... Da, glaube ich, gab es irgendwelche Probleme. Das kann ich aber nicht mehr mit Bestimmtheit sagen. Sie weigerten sich, den Vertrag zu unterzeichnen, weil darin angeblich weniger Lohn stand als zuvor besprochen.«

»Sehen Sie, sehen Sie«, frohlockte Raimund und schaute die Richter an. »Sie hat vorhin gelogen, als sie sagte, dass ich gleich einen ordentlichen Arbeitsvertrag bekommen habe, das ist Meineid.«

Der Vorsitzende schüttelte den Kopf. »So geht das hier nicht weiter! Wir unterbrechen die Sitzung für fünf Minuten, und Ihr Verteidiger erklärt Ihnen, wie das Fragerecht ausgeübt wird.«

Das hatte Kutzner zwar in Vorbereitung der Verhandlung schon hinreichend getan, aber was nutzte es ihm? Wieder setzte er seinem Mandanten auseinander, dass er konkrete Fragen zu stellen und keine Wertungen vorzunehmen habe; dies würde das Gericht im Rahmen der Beweiswürdigung tun. Raimund nickte zwar, aber im Verlaufe der weiteren Verhandlungstage musste er immer und immer wieder vom Vorsitzenden darauf hingewiesen werden, wie er sein Fragerecht ausüben solle.

Zeuge um Zeuge wurde gehört, der erste und zweite Verhandlungstag vergingen.

Der dritte Verhandlungstag war für den Ortstermin in der Pension vorgesehen. Wie der Verteidiger sofort bemerkte, war das Gericht über die Höhe des Tresens erstaunt. Der Vorsitzende Richter hatte in etwa die Größe des Angeklagten. Er konnte die Schreibplatte erst sehen, als er sich vor den Tresen stellte und sich ein wenig vornüber beugte.

Kutzner freute sich über den Eindruck, den das Gericht vom Tatort gewann. Offensichtlich war es so, dass auch das Gericht davon ausging, dass der Angeklagte die Chefin nicht zwangsläufig hätte sehen müssen, als er Benzin über den Tresen schüttete.

Der Staatsanwalt argumentierte, dass der Angeklagte wegen des eingeschalteten Lichts in der Rezeption damit hätte rechnen müssen, dass die Chefin dort noch arbeitete.

Am vierten Verhandlungstag gab das Gericht einen rechtlichen Hinweis dergestalt, dass es nicht mehr daran festhalte, dass Raimund Gerstenberg versucht hätte, Menschen zu ermorden.

Der Staatsanwalt erwiderte, dass die Staatsanwaltschaft nicht von ihrer bisherigen Sichtweise abrücke. »Der Angeklagte hatte es zumindest in Kauf genommen, dass arglose Menschen zu Tode kommen könnten. Er wusste, wie gefährlich sein Tun ist.«

Gleichzeitig nutzte der Staatsanwalt diese Gelegenheit, um festzustellen, dass es aus Sicht seiner Behörde in diesem Prozess nicht nur um Schuld und Strafe ginge, sondern auch um den Geisteszustand des Angeklagten, und erklärte dazu: »Die Staatsanwaltschaft strebt weiterhin an, dass der Angeklagte nach einem Urteil in einem psychiatrischen Krankenhaus untergebracht wird. Der Angeklagte ist ein wandelndes Pulverfass.«

Aufgeregt empörte sich Gerstenberg: »Ich bin nicht verrückt. Wie oft soll ich das denn noch sagen?« Da keiner der Anwesenden dies irgendwie kommentierte, schickte er ein »Freiwillig geh ich nicht in die Klapse« hinterher.

Der psychiatrische Gutachter Dr. Berthold Tramm schrieb bei dieser Gelegenheit wieder etwas in seine Unterlagen.

»Und der da«, Gerstenberg zeigte mit dem Finger auf den Sachverständigen, »soll nicht immer alles aufschreiben, was ich sage … verdammt noch mal.« Dann fing der Angeklagte an zu weinen. Der Vorsitzende unterbrach den Prozess für eine halbe Stunde.

Nachdem am Nachmittag noch seine Schwester und seine letzte Lebensgefährtin ausgesagt hatten und ihm Gelegenheit gegeben worden war, nochmals zu seiner Zeit in der Pension zu berichten, war am folgenden Tag über den Fortgang des Verfahrens in einer der örtlichen Zeitungen unter anderem zu lesen:

»Raimund Gerstenberg nimmt aktiv an seinem Verfahren teil, fertigt sich ständig Aufzeichnungen, schöpft sein Fragerecht aus und versäumt kaum eine Gelegenheit, sich in das Licht zu rücken, in dem er gesehen werden möchte: Er sei jemand, der die Arbeit sehe und anpacke, jemand, auf den sich seine Chefs und Kollegen verlassen könnten, einfach gesagt, ein ehrlicher, zupackender und höflicher Kollege. Der Angeklagte erwähnt wie nebenbei, dass er bestimmte Sachen im Umgang mit seiner Vorgesetzten nicht richtig angegangen sei, um aber gleich die Schuld daran wieder auf diese zu schieben. Er erklärt immer wieder, dass er nicht in der Lage gewesen sei, sich angemessen zur Wehr zu setzen. Selbst seiner ehemaligen Lebensgefährtin und seiner Schwester gibt er die Alleinschuld daran, dass zu ihnen alle Kontakte abgebrochen sind. Er betonte mehrfach, dass er nur ein normales ›Scheißspießerleben‹ wollte, aber alle um ihn herum nie verstanden hätten, was er wirklich wolle.«

Gutachten, Plädoyers und Urteil

Am folgenden Verhandlungstag referierte der Sachverständige Dr. Berthold Tramm zu seinem Gutachten, während Gerstenberg in einer angespannten Lauerhaltung verharrte, so, als ob er gleich auf den Mann zuspringen wolle.

Der Sachverständige stellte ausführlich die Situation dar, in der er das Gutachten gefertigt hatte.

»Ich gebe zu bedenken«, formulierte Dr. Tramm vorsichtig, »dass es dem vorliegenden Gutachten an Vollständigkeit mangelt. Notwendig wären längere Gespräche und Tests gewesen. Dazu hätte es jedoch der Mitarbeit des Angeklagten bedurft, die er verweigerte.«

Sogleich unterbrach Gerstenberg den Gutachter: »Ich bin ja auch nicht blöde, so, wie Sie es mir unterstellen wollen.«

Der Vorsitzende sah sich in der Pflicht und mahnte: »Angeklagter, Sie kennen doch mittlerweile die Regeln. Lassen Sie den Gutachter aussprechen. Ihrem Verteidiger und Ihnen wird im Anschluss ausreichend Zeit eingeräumt werden, um Stellung zu nehmen.«

Raimund nickte.

Dr. Tramm fuhr fort: »Während der Dauer der Untersuchungshaft hatte ich nur zwei Mal die Möglichkeit, mit dem Angeklagten zu sprechen. Nach einem ersten kurzen Gespräch unternahm ich noch einen zweiten Versuch. Auch bei diesem Termin war der Angeklagte zunächst sehr reserviert, was sich aber im Verlaufe des Gespräches änderte. Diese Änderung vollzog sich dann so drastisch, dass er alles, auch die intimsten Vorstellungen und Wünsche aus der Pubertät, preisgab …«

»Hätte ich mal besser sein lassen«, warf Raimund ein, quittiert von einem ernsten Blick des Vorsitzenden.

»Das dem Angeklagten innewohnende, extrem stark ausgeprägte Misstrauen«, so der Gutachter, »kippte innerhalb von Sekunden in ein fast kindliches Vertrauen. Jedoch brach diese Kommunikationsbereitschaft genauso schnell wieder ab, wie sie entstanden war. Die unzureichenden Gesprächsmöglichkeiten beeinträchtigen die Qualität des erstellten Gutachtens.«

Der Angeklagte konnte es nicht unterlassen, auch darauf zu reagieren: »Dann muss ich mir das auch nicht anhören!«

»Die psychische Störung«, erklärte der Gutachter in seinen weiteren Ausführungen, »hat eine erhebliche soziale Kraft.«

Der Angeklagte schüttelte wortlos den Kopf.

»Dies wird seinem gesamten Umfeld deutlich. Die frühere Lebensgefährtin hat geschildert, unter welch starker Beeinflussung des Angeklagten sie stand. Sie konnte nicht mehr tun und lassen, was sie wollte. Alles im Zusammenleben war auf die Erfüllung der Wünsche des Angeklagten ausgerichtet, der dabei sehr besitzergreifend und dominierend war. Obwohl es keinen greifbaren Anlass dafür gab, war der Angeklagte über die Maßen eifersüchtig und neigte der Partnerin gegenüber zur Ausübung körperlicher Gewalt. Seine Haltung und sein Verhalten hatten stark selbstzerstörerische Züge. Bei der nur angedachten Inbrandsetzung des früheren Elternhauses wäre es ihm egal gewesen, ob er selbst mit verletzt oder getötet worden wäre. Er ist ein stets leidender Mensch, der sich traurig und einsam fühlt.«

Als der Gutachter eine kurze Pause machte und dabei zum Angeklagten blickte, war das Anlass für die anderen Prozessbeteiligten, es ihm gleichzutun. Sie sahen einen zusammengesunkenen Angeklagten, dessen Kopf auf dem Tisch lag.

»Er ist von seiner Umwelt, seiner Familie, seiner Freundin, aber auch von sich selbst enttäuscht. Sein Selbstwertgefühl ist stark beeinträchtigt, er hat Angst und eine starke Sehnsucht nach Verbindung und Nähe. Es sind hochkomplexe Prozesse, die beim Angeklagten ablaufen.«

Gerstenberg hatte seinen Kopf wieder erhoben und weinte.

»Bei dem Angeklagten ist eine alloplastische Anpassung stark ausgeprägt. Das bedeutet, dass der Angeklagte zur Befriedigung seiner Bedürfnisse darauf abzielt, seine Umwelt zu beeinflussen und zu manipulieren, statt sich selbst den Verhältnissen anzupassen oder sich zu verändern.«

Nun blickte Raimund, dem immer noch die Tränen über die Wangen liefen, interessiert zum Sachverständigen.

»Die Wirksamkeit der Manipulation zeigt sich im Umfeld seiner Kollegen, die hier ausgesagt haben.«

Raimund kreischte förmlich, als er dem Gutachter ins Wort fiel. »Die sind alle auf der Seite dieser alten Hexe!«

Unbeeindruckt fuhr Dr. Tramm fort: »Die Kollegen haben die Drohungen und Einschüchterungen des Angeklagten ernst genommen und sich nicht getraut, gegen ihn zu opponieren. Damit hatte er die Reaktionen der anderen Angestellten so manipuliert, wie er es für seine Zwecke benötigte. Sie waren alle starr vor Angst. Selbst hier im Gerichtssaal war bei den Aussagen der Zeugen deutlich festzustellen, wie diese aggressiven Projektionen funktionieren, wie diese projektiven Fäden weiterhin existieren. Sie haben alle zum Angeklagten geschaut und wollten erst eine bestätigende Reaktion des Angeklagten erfahren oder zumindest keine seine Ablehnung erkennen lassenden Zeichen sehen. Nachdem dies ausblieb, äußerten sie sich allesamt erst einsilbig und verhalten, so dass es erst der Aufforderung des Gerichts bedurfte.«

Jetzt stand Raimund auf. »So etwas muss ich mir nicht gefallen lassen. Ich möchte mir das nicht weiter mit anhören.«

»Beruhigen Sie sich«, forderte der Vorsitzende. »Sie wollen doch sicher zum Gutachten Stellung nehmen.«

»Und ob!«

»Dann sollten Sie auch zuhören, was der Gutachter zu sagen hat.«

Dr. Tramm beendete seine Ausführungen damit, dass er dem Angeklagten eine schwere psychische Störung attestiere, die dringend behandelt werden müsse. Dazu sei eine Einweisung in eine psychiatrische Klinik erforderlich. »Mit hoher Wahrscheinlichkeit«, so der Gutachter, »ist von einer verminderten Schuldfähigkeit auszugehen, aber auch davon, dass der Angeklagte ohne Behandlung schnell wieder zum Täter werden könnte. Aus psychiatrischer Sicht gibt es erhebliche Gefahrenmomente.«

Auf Nachfragen zu den möglichen Behandlungsmethoden durch eine ältere Richterin, deren Dienstende sicher schon abzusehen war, meinte der Gutachter, dass sicher eine Medikation zu empfehlen sei.

»Sicher«, führte er aus, »sind Medikamente nicht die erste Wahl. Aber sie könnten zu einer gewissen Entspannung führen, die den Angeklagten für eine Psychotherapie zugänglich machen könnte. Diese würde in diesem Fall einen längeren Zeitraum in Anspruch nehmen und«, er setzte so etwas wie ein trauriges Lächeln auf, »einen einfühlsamen Therapeuten auch.«

Als dann endlich der Angeklagte an der Reihe war, beschimpfte er den Sachverständigen als »Scharlatan« und »Quacksalber«, der von seinem Fach überhaupt keine Ahnung habe. Wie solle es denn möglich sein, aufgrund zweier kurzer Gespräche nun ein siebzigseitiges Gutachten vorzulegen? Er ließ keinen Zweifel daran, nun auch noch vom Gutachter falsch verstanden worden zu sein.

Er beendete seine Rede mit den Worten: »Ich will nicht in die Psychiatrie! Freiwillig gehe ich nicht in diese Psychoklinik. Im Knast ist es schon schlimm, aber das stehe ich irgendwie noch durch. Sie müssen sich doch mal vorstellen, was Sie hier mit mir machen wollen: Sie wollen einen gesunden Menschen in den Maßregelvollzug stecken, da, wo rechts neben mir ein kranker Kinderschänder liegt und links neben mir ein Vergewaltiger oder Frauenmörder. Da gehe ich kaputt!«

Für den vorletzten Verhandlungstag wurden die Plädoyers angekündigt. Kutzner bereitete sich sorgfältig darauf vor. Wie vor allen großen Verfahren arbeitete er das Plädoyer schriftlich aus. Dann sprach er es vor laufender Kamera und sah sich die Aufnahme an. Wie immer war er mit dem ersten Ergebnis überhaupt nicht zufrieden. Natürlich wusste er über die begrenzte Wirkung eines Plädoyers im deutschen Strafprozessrecht. Für seinen Mandanten sprach, dass das Gericht im Verlaufe der Verhandlung schon einen rechtlichen Hinweis dahingehend gegeben hatte, dass es nicht von einem versuchten Mord ausgehen werde. Die Staatsanwaltschaft hielt weiterhin an diesem Vorwurf fest.

So überraschten die Plädoyers im Ergebnis auch nicht: Der Staatsanwalt forderte, den Angeklagten nicht nur wegen der Herbeiführung einer Sprengstoffexplosion, wegen schwerer Brandstiftung und gefährlicher Körperverletzung zu verurteilen, sondern vor allem wegen eines versuchten Mordes. Für den Angeklagten seien die Folgen seines Handelns vorhersehbar gewesen und er habe billigend in Kauf genommen, dass Menschen zu Tode kämen. Raimund Gerstenberg habe heimtückisch, grausam und mit gemeingefährlichen Mitteln seine Tat begangen, womit er drei Mordmerkmale erfüllt habe.

Der Staatsanwalt fuhr fort: »Hätte der Angeklagte, wie er hier im Prozess betonte, nur ein Feuer entfachen, aber keine Explosion hervorrufen wollen, so hätte er einfach verschüttetes Benzin angezündet.«

Zur Frage der Schuldfähigkeit erklärte er: »Nachdem der Gutachter hier im Prozess dem Angeklagten eine paranoide, instabile Persönlichkeit attestiert hat, geht auch die Staatsanwaltschaft von einer verminderten Schuldfähigkeit aus. Zudem hält die Staatsanwaltschaft die Einweisung in die Psychiatrie vor Haftantritt für notwendig, da der Angeklagte im Prozess keine Reue gezeigt hat und immer noch als gefährlich einzuschätzen ist.«

Er beendete sein Plädoyer mit den Worten: »Durch den Vorfall mit dem Wasserkocher in der Wohnung und durch das Anzünden der Rezeption geht die Staatsanwaltschaft von zwei Tathergängen aus, für die jeweils die Vorwürfe des versuchten Mordes, der Brandstiftung und der gefährlichen Körperverletzung erfüllt sind. Deshalb beantragt die Staatsanwaltschaft trotz der verminderten Schuldfähigkeit, den Angeklagten zu neun Jahren Haft zu verurteilen.«

Die Nebenklägerin schloss sich mit kurzen Worten dem Plädoyer der Staatsanwaltschaft an. Die Anwältin der Chefin betonte noch einmal, dass ihre Mandantin in dieser Nacht Todesängste ausgestanden habe.

Kutzner hielt in seinem Plädoyer dagegen. »Ich sehe keine Tötungsabsicht! Mein Mandant rechnete gerade nicht mit derart schlimmen Folgen, wie sie sich leider realisiert haben, als er in seiner Wohnung den Wasserkocher mit Benzin füllte, diesen anschaltete und die Wohnung in Richtung Rezeption verließ, wo er den Tresen mit Benzin übergoss und erst dabei sah, dass hinter dem Tresen jemand saß und arbeitete. Ja, er wollte, dass etwas brennt und die Feuerwehr löscht, aber er wollte nicht, das etwas explodiert und das Gebäude in Schutt und Asche gelegt wird. Der Angeklagte wollte mit der Tat auf seine Situation aufmerksam machen, die er als ungerecht empfand.«

Dann vertrat der Verteidiger in seinem Plädoyer die Ansicht, dass sein Mandant erst am Scheidepunkt zu einer psychischen Erkrankung stehe. »Die Behandlung im Maßregelvollzug ist nicht notwendig. Ich habe oft im Maßregelvollzug mit wirklich kranken Menschen zu tun. Ich meine, dass es der Angeklagte unter gewissen Bedingungen sehr wohl auch außerhalb des Maßregelvollzugs schaffen kann, wieder ein geordnetes Leben zu führen; mit einer Betreuung in Behördenangelegenheiten, mit einer Therapie, einer Selbsthilfegruppe, einem Ehrenamt, das ihm die so ersehnte Anerkennung verschafft, wäre dies möglich.«

An dieser Stelle blieb das Tuscheln und Raunen im Sitzungssaal erwartungsgemäß nicht aus. Unbeirrt plädierte Kutzner weiter: »Mein Mandant weiß, dass es falsch war, was er gemacht hat, und sagt, dass es nicht noch einmal so weit kommen wird.«

Bei der Frage des Strafmaßes griff er den Vertreter der Anklage direkt an: »Was der Staatsanwalt hier fordert, das ist jenseits von Gut und Böse. Er will die Anklage auf Gedeih und Verderb durchboxen und biegt sich den Sachverhalt zurecht. Eine konkrete Forderung formuliere ich hinsichtlich eines Strafmaßes nicht. Ich kann nur hoffen, dass das Gericht ein gerechtes Urteil findet.«

Gerstenberg hatte das letzte Wort. Es fiel ihm sichtlich schwer, die Fassung zu bewahren: »Ich werde mich auf der Grundlage des Gutachtens keiner psychiatrischen Behandlung unterwerfen«, erklärte er und begann zu weinen. »Auch Psychopharmaka werde ich nicht nehmen. Ich brauche dieses Zeug nicht. Ich bin nicht krank! Ich wünsche mir ein gerechtes Urteil, das es mir ermöglicht, schnellstmöglich wieder in die Gesellschaft zurückzukehren. Auch wünsche ich mir ein Urteil, welches keine langwierige Revision nötig macht.«

Am letzten Verhandlungstag verurteilte das Gericht Raimund Gerstenberg wegen schwerer Brandstiftung in Tateinheit mit vorsätzlicher Herbeiführung einer Sprengstoffexplosion und mit fahrlässiger Körperverletzung zu einer Freiheitsstrafe von sieben Jahren.

Der Chefin, die als Nebenklägerin aufgetreten war, musste der Angeklagte nach dem Urteil 7500 Euro Schmerzensgeld zahlen.

Vor der Vollstreckung der Haft wurde jedoch die Unterbringung in einer Psychiatrie angeordnet. Der Vorsitzende führte zur Begründung aus, dass Gerstenberg immer noch nicht verarbeitet habe, was ihn zur Tat getrieben hatte.

»Der Angeklagte redet sich immer noch ein, dass es ein von der Nebenklägerin angeführtes Komplott der Kollegen gegen ihn gäbe, gegen das er unbedingt vorgehen müsse. Mehrfach hat er dazu im Prozess erklärt, keine Ruhe zu geben. Auch hat er während der Verhandlung immer wieder betont, dass er nicht freiwillig in eine Klinik gehen werde. Das Gericht mahnt den Angeklagten ausdrücklich, die Hilfsangebote dringend anzunehmen und sich einer Therapie zu öffnen, um eines Tages wieder als Teil der Gesellschaft aufgenommen werden zu können.«

Gewaltfantasien

Bruno Dorsch schlich die Treppe des alten Mietshauses in Duisburg-Hochfeld hinauf. Das Treppenhaus roch nach Urin. Wenn man zu dicht an der Wand entlangging und sie berührte, hörte man die aufgeblühten Farbreste auf den Boden fallen.

Bruno hatte ein paar Aldi-Biere dabei. Als sich die Wohnungstür seines Nachbarn öffnete, waren seine Gefühle gemischt: Er ärgerte sich, weil Klaus so ein verdammter arbeitsscheuer Schnorrer war, der gleich nach seinem Bier gieren würde; und er freute sich, da Klaus sich mit Technik auskannte und er ihn wegen des Sky-Anschlusses befragen konnte.

»Oh, mein Lieblingsnachbar«, begrüßte Klaus ihn mit Blick auf die Bierflaschen.

»Hast ja keinen andern«, gab Bruno zurück.

»Gibst einen aus?«

»Nee, nee, das schlag dir mal aus'm Kopf. Ist meine Wochenendration.«

»Trinken wir bei mir«, schlug Klaus vor, »und ich spendier noch den Rest der Wodkaflasche, die bei mir rumliegen muss.«

Bruno wusste, dass er darauf lange warten konnte. Wenn Klaus noch Wodka hätte, würde er nicht um Bier betteln. Aber Bruno wollte ja schließlich auch was von Klaus. »Ein Bier und du sagst mir dabei, wie das mit 'nem Sky-Anschluss funktioniert.«

»Na gut. Muss aber auch noch ein Bier für mein' Schwager rausspringen. Da müssen wir hin. Der hat so 'n Ding.«

»Ich denke, der ist auf dich Penner nich gut zu sprechen.«

»Schon. Aber Familie is nun Familie. Und wenn sich meine Schwester nun von so 'nem Schnösel ficken lässt, dann gehört der auch dazu.«

»Gut, bekommt der auch noch ein Bier. Aber der kann wirklich helfen mit Sky und so?«

»Na logisch.« Dann wurde Klaus nachdenklich. »Aber nimm vorher deine Pillen. Nicht, dass du wieder jemanden siehst, der gar nicht da ist, oder schreiend rausrennst, weil dich ein wildes Tier angreift.«

»Biste blöde?«, meinte Bruno.

Klaus grinste. »Nee, ich nicht.«

»Und ich bin krank, du Idiot. Und wenn ich meine Pillen nehme, ist alles gut. Sei froh, dass du so 'ne Scheiße nicht hast. Aber mit den Pillen ist doch alles gut.«

»Wenn du es im Suff nicht vergisst.«

»Passiert eben«, gestand sich Bruno ein.

Klaus blickte wieder auf das Bier. »Und Bier und Sky? Haste 'nen Lottogewinn?«

»Nee, meine Betreuerin hat etwas mehr locker gemacht. Gab doch 'ne Rentenerhöhung«, erklärte er stolz.

»Nee, ne?«

»Doch!«

»So gut möchte ich es auch mal haben. Erwerbsunfähigkeit, Wohnung vom Amt, Pillen vom Amt, Geld von der Betreuerin und nicht zur Arbeit müssen.«

»Du Arsch! Würde was drum geben, arbeiten zu können. ThyssenKrupp war meine Familie.« Bruno drehte sich zu seiner Wohnungstür.

Sein Nachbar brüllte hinterher: »Die dich ausgestoßen hat!«

»Bekomme ja noch die Betriebszeitung«, begehrte Bruno auf.

»Scheiß drauf!«, schimpfte Klaus. »Wenn ich das Luxus-Appartement hier nicht mehr zahlen kann, dann darf ich sogar die Obdachlosen-Zeitung selbst verkaufen.«

Bruno schloss die Tür auf. Klaus war einfach nur zum Kotzen.

»Lass uns 'ne Friedenspfeife rauchen«, schlug Klaus vor, der merkte, dass er zu weit gegangen war.

»Die ich ausgebe, was?«

»Nee, hab noch ein paar Glimmstengel.« Er drehte sich um, ließ die Wohnungstür offen und holte Zigaretten.

Bruno griff nach dem Aschenbecher, der hinter der Tür auf einem kleinen Tischchen stand. Das schwere Ding in der Hand haltend, überlegte er, wie es wäre, wenn er Klaus damit einfach auf den Schädel schlagen würde. Immer diese Anspielungen auf seine Erkrankung und der Neid! Aber das Schlimmste war, dass dieser Arsch BVB-Anhänger war, wie die meisten hier. Nur weil er hier geboren und groß geworden war, musste Bruno nicht gleich BVB-Fan sein. Er fand, dass die Bayern einfach die besseren Kämpfer waren und eleganteren Fußball spielten.

Als er noch für ThyssenKrupp gearbeitet hatte, damals selbstverständlich nur für Thyssen, durfte er mit einem Oberingenieur und ein paar Ingenieuren nach Brasilien reisen, weil da ein Stahlwerk gebaut werden sollte. Er, der Vorarbeiter, war mit dabei. Sein handwerkliches Geschick und sein Durchsetzungsvermögen qualifizierten ihn dafür, auch den Ausländern deutsches Know-how beizubringen. Bayern München kannte dort jeder, aber den BVB? Auf Brunos Gesicht zeichnete sich ein Lächeln ab.

Plötzlich stand Klaus im Hausflur wieder vor ihm. »Na, haste deine Pillen vergessen und schwelgst wieder in Gewaltfantasien?«

Die Worte holten Bruno ins Hier und Jetzt zurück. »Quatsch! Hab drüber nachgedacht, wie es ist, mit Sky alle Bundesliga-Spiele zu sehen.«

»Das wär was! Dann könnten wir zusammen gucken.«

»Wo sind denn deine Zigaretten?«

»Nicht gefunden«, log Klaus. »Die müssen aber irgendwo sein.«

Bruno drückte Klaus den Aschenbecher in die Hand. »Halt mal!«

Klaus stellte ihn auf dem Geländer ab.

»Pass bloß auf, dass der nicht runterkracht. Ist von meinem Vater.«

»Weiß ich! Haste schon hundertmal gesagt.«

»Dann pass eben auf! Ich hole Zigaretten.«

Als der Postzusteller klingelte, stiefelte Bruno zur Tür. »Sicher wieder der Schnorrer Klaus«, dachte er sich, »entweder will der Bier oder Zigaretten.«

Mit den Worten »Nischt gibt's« riss er die Tür auf.

»Ich möchte Ihnen was bringen«, erklärte der Postbote freundlich.

»Oh«, sagte Bruno, »das Paket von Sky.«

»Stimmt genau!«

Der Postbote holte das Gerät hervor, auf dessen Display Bruno den Empfang quittieren sollte, und klemmte sich das Paket unter den Arm. »Bestätigen Sie mir den Erhalt!«

Bruno schaute skeptisch auf das Paket. »Das ist an der einen Ecke völlig verknautscht!«

Der Zusteller besah sich die Verpackung von allen Seiten. »Passiert schon mal im Eifer des Gefechts. Sieht doch nicht schlimm aus.«

»Das kann ich doch so nicht abnehmen!«

»Dann eben nicht. Müssen Sie wissen. Dann geht's retour.«

Bruno wurde zusehends verärgert. »Geben Sie das Paket her!«

»Das kann ich nicht, wenn Sie mir den Erhalt nicht bestätigen!«

»Aber damit bestätige ich doch, dass alles in Ordnung ist.«

»Ja, schon.«

»Aber woher soll ich denn wissen, ob der Receiver nicht kaputtgegangen ist?«

»So was ist doch immer super eingepackt. Da kann nichts kaputtgegangen sein.«

»Das behaupten Sie. Schauen Sie doch: Da stand extra drauf, dass da Glas im Paket ist.« Brunos Stimme wurde immer lauter.

Der Postbote schaute sich das Paket nochmals an. »Vorsicht, Glas!«, murmelte er. »Aber das schreiben sie doch alle drauf. Und ist doch gar kein Glas drin, wie Sie selbst sagen.«

»Aber empfindliche Technik!«

»Wissen Sie, jetzt wird's mir langsam zu bunt. Entweder Sie unterschreiben, oder ich nehm das Paket mit und mach mir den Vermerk, dass Sie den Empfang verweigern.«

»Mach ich doch nicht!«, brüllte Bruno. »Ich will doch nur sichergehen, dass das Gerät in Ordnung ist.«

Klaus öffnete die gegenüberliegende Wohnungstür. »Was ist das denn für ein Krach hier?«

Der Postbote schaute sich genervt um.

Bruno schoss durch den Kopf, ob er nicht rechts hinter sich nach dem Aschenbecher greifen sollte, um ihn dem unbotmäßigen Dienstleister über den Schädel zu ziehen. Was der sich einbildete und wie er mit ihm redete!

»Was ist nun?«, fragte der Postbote fordernd.

»Merken Sie nicht, wie Sie sich benehmen?«, schimpfte Bruno.

Der Postbote verstaute das Gerät, auf dem Bruno den Empfang quittieren sollte. »Eben nicht.«

»Her mit dem Receiver!«, forderte Bruno.

»Was denn?« Klaus bekam endlich mit, worum es ging. »Das Sky-Gerät? Dann können wir alle Bundesliga-Spiele sehen. Geil!«

Bruno nutzte die Sekunde, in der der Postbote durch Klaus' Bemerkung abgelenkt worden war, und zog ihm das Paket weg.

»Hey, das ist Diebstahl, Sie!«, empörte sich der Postmann

»Ist doch meins«, rechtfertigte sich Bruno.

Der Postbote schritt auf Bruno zu, der überlegte, ob er jetzt mit dem Aschenbecher zuschlagen sollte. Aber er hielt das Paket in den Händen.

»Dann unterschreiben Sie endlich!«

Bruno drehte sich um, legte das Paket hinter sich auf den Boden und starrte auf den Aschenbecher.

»Was ist nun?«, forderte der Postbote.

»Soll ich unterschreiben?«, rief Klaus hinüber. »Wir wollen doch …«

Bruno schüttelte den Kopf, so, als ob er seine Gedanken verbannen wollte, und rief: »Nee, nee, schon gut. Mach ich.«

Als eigentlich alles erledigt war, schritt Bruno auf den Postzusteller zu, blieb dicht vor diesem stehen und drohte: »Ich möchte Sie hier nie wiedersehen! Wenn Sie mir noch einmal unter die Augen kommen, schmeiße ich Sie hier runter.« Er ging noch einen Schritt auf den nun verängstigt blickenden Mann zu und drängte ihn dabei bis ans Geländer. Der Zusteller blickte über die linke Schulter nach unten.

»Genau da klatschen Sie auf! Das überleben Sie nicht!«

Klaus lachte auf. »Der Pisser macht sich gleich ein.«

Bruno ließ ab und verschwand hinter seiner Tür.

Ein paar Monate später erhielt Bruno Dorsch einen Strafbefehlsantrag der Staatsanwaltschaft wegen Bedrohung. Er verstand die Welt nicht mehr. Dass der Postbote ihm sein Paket nicht herausgeben wollte, danach fragte keiner mehr. Auch nicht danach, dass er den ordnungsgemäßen Empfang quittieren sollte, obwohl das Paket beschädigt war. Der Strafbefehl war antragsgemäß durch das Amtsgericht Duisburg erlassen worden. Wenn der Postbote vorbeikäme, so schwor Bruno sich, würde er ihm den Aschenbecher über den Schädel schlagen und den Mann über das Geländer werfen. Der würde erfahren, was passierte, wenn man Bruno dumm kam.

Der Fußballnachmittag war ziemlich torarm und langweilig verlaufen, der Abend brachte das Spiel FC Bayern gegen den BVB in der ausverkauften Allianz-Arena.

»Da werden deine Borussen ganz schön eins auf die Mütze bekommen«, frohlockte Bruno. Weil Klaus diesmal wirklich das Bier und die Zigaretten besorgt hatte, war er guter Dinge.

»Davon träumst du wohl!« Klaus öffnete ein Bier und reichte Bruno den Öffner. Er freute sich, bei Bruno die Bundesliga-Spiele sehen zu können.

»Seit fast zwanzig Jahren hat der BVB nicht mehr in München gegen die Bayern gewonnen, hast doch den Reporter gehört. Und daran wird sich heute nichts ändern.« Bruno grinste breit und öffnete sich auch eine Flasche.

»Diesmal sind wir aber Tabellenführer.«

»Das hat nichts zu sagen«, erklärte Bruno und stand auf, um den Aschenbecher zu holen. »Du wirst sehen, wie die Zuschauer die Mannschaft anfeuern werden.« Er lief in den Flur.

»Umso schlimmer, genau da auch noch Prügel zu beziehen«, rief Klaus hinterher, und als Bruno ins Wohnzimmer trat, empfing er ihn mit dem Kommentar: »Ah, das Erbstück!«

Nur ein paar Minuten nach dem Anpfiff gab es gleich eine Chance für Robert Lewandowski. Klaus tobte vor Freude. Bruno wurde sichtlich ruhiger. Lewandowski verzog, und Bruno frohlockte. »Siehste, nichts mit einem Sieg des BVB. Dazu müssten die erst mal aufs Tor schießen lernen.« Beide steckten sich eine Zigarette an.

»Wirst schon noch sehen«, antwortete Klaus.

Als die Borussen erfolgreich konterten, sprang Klaus auf und riss dabei die vor ihm stehende Flasche um. Der Rest Bier lief auf den Tisch.

Bruno blaffte Klaus an: »Mach das weg!«

»Mach du dich mal nicht ins Hemd! Doch nicht mitten im Spiel!«

Als Klaus den Blick seines Nachbarn einfing, zog er sich sein T-Shirt aus und wischte die Bierlache auf dem Tisch breit. Das Shirt ließ er liegen.

So ging es zwischen den beiden weiter; sie brüllten, tranken und rauchten. Klaus zog seinen Nachbarn auf, als Müller nicht genau genug schoss, und geriet in der sechzigsten Minute völlig aus dem Häuschen, als Hummels das dritte Tor für die Borussen machte.

Verärgert murrte Bruno: »Benimm dich mal wie ein Gast! Glotzt in meinen Fernseher, verqualmst mir die Bude, schüttest Bier aus, sitzt hier halb nackt rum. Raus hier!«

»Aber das Spiel ist doch noch nicht zu Ende!«

»Für dich schon!«

Bruno stand auf und wies zur Tür. »Raus jetzt. Sonst geschieht ein Unglück!«

Klaus ergriff sein Shirt und zog es schwungvoll zu sich. Dabei flog der Aschenbecher polternd auf den Boden. Beim Hinausgehen rief er: »Du bist genau wie deine Bayern: Denken immer, sie wären was Besseres und könnten sich alles kaufen. Kein Wunder, dass die niemand leiden kann.«

»Sie sind etwas Besseres, du Idiot. Raus hier, aber schnell. Du bist für mich gestorben. Wenn du noch einmal hier reinkommst, dann mache ich dich kalt.«

»Du Psychopath!«

Bruno sprach nie wieder ein Wort mit seinem Nachbarn. Sein Hass auf ihn wurde im Verlaufe der Tage und Wochen immer größer, obwohl sie sich kaum sahen. Sie gingen sich aus dem Weg, und wenn einer merkte, dass der andere auf dem Flur war, machte er kehrt. Bruno malte sich aus, wie er Klaus foltern und töten würde.

Bruno schaffte es, dass die Betreuung aufgehoben wurde: Er nahm seine Medikamente, war in der Lage, seinen Tagesablauf zu organisieren, wirtschaftete vernünftig mit seinem Geld und hielt die Wohnung sauber. Der Betreuer konnte all dies gegenüber dem für Betreuungsangelegenheiten zuständigen Richter bestätigen.

Bruno hielt sich selbst für geheilt, erschien nicht mehr beim Arzt und bekam keine Medikamente verschrieben. Sein Alkoholkonsum nahm zu. Er langweilte sich, lag tagsüber im Bett und sah nachts bis in den Morgen fern. Manchmal fand er sich auch irgendwo in der Stadt wieder, ohne genau zu wissen, wie er dorthin gekommen und was in der Zwischenzeit geschehen war.

Fast zwei Jahre nach ihrem Streit klingelte es an Brunos Tür. Als er öffnete, stand Klaus vor ihm.

»Na, alter Kumpel, wollen wir das Kriegsbeil nicht begraben?«

Bruno erwiderte: »Warum nicht?«

»Möchte mir ein paar Eierkuchen machen. Hast du Mehl?«

»Komm rein!«

»Du kannst mich totschlagen«, erklärte Klaus beim Hineingehen, »aber ich weiß beim besten Willen nicht mehr, worüber wir uns damals gestritten haben.«

»Ich auch nicht«, log Bruno, der sich Tag für Tag über die vermeintlichen Unverschämtheiten des Nachbarn geärgert und immer weiter in seinen Zorn hineingesteigert hatte. »Das kann doch wohl nicht wahr sein, dass der sich nicht daran erinnert. Jetzt will er mich auch noch verarschen.« Laut sagte er aber: »Geh vor, du weißt ja, wo die Küche ist.«

Klaus ging ahnungslos voran.

Bruno ergriff den bereitstehenden Aschenbecher, wie er es sich Hunderte Male vorgestellt hatte. Es war genau die Situation eingetreten, die er immer wieder durchgespielt hatte. Jetzt war seine Chance gekommen. Er trat hinter Klaus und ließ den Aschenbecher auf dessen Schädel niedersausen. Aber nicht zu heftig! Auch das hatte er sich vorgenommen.

Als Klaus zu sich kam, lag er geknebelt und gefesselt am Boden. Bruno hatte auf den Moment gewartet, in dem sein Nachbar das Bewusstsein wiedererlangen würde. Mit einem scharfen Filetiermesser schnitt er jetzt das Hemd seines Opfers am rechten Oberarm auf. Jeglicher Versuch von Klaus, sich zur Wehr zu setzen, scheiterte daran, dass er wie ein Paket verschnürt war.

Bruno kniete sich mit reglosem Blick auf den Oberkörper und setzte das Messer an. Ein Ruck ging durch den Körper unter ihm, ein Stöhnen war durch den

Knebel zu vernehmen. Bruno führte einen ersten zentimeterlangen Schnitt aus und löste einen Streifen Haut vom Oberarm.

Mehrere Stunden später sprach Bruno Dorsch auf der Polizeiwache vor und teilte ruhig mit, dass ein Toter in seiner Wohnung läge.

»Ja, so etwas übernimmt er, und er hat auch noch Kapazitäten«, hörte ich Doreen ein Zimmer weiter in den Telefonhörer sprechen.

Ich hoffte, dass sie nicht mich meinte. Meine Chancen standen eins zu drei. Seit einigen Wochen hatten wir Peter, einen Kollegen aus Baden, mit in der Kanzlei, den die Liebe in unsere Gegend nicht verschlagen, aber hier gehalten hatte. Er arbeitete mit uns in einer Bürogemeinschaft. Also konnte das Telefonat ihn, meinen Sozius Stephan oder mich betreffen.

»Oh, Tötungsdelikt«, hörte ich Doreen sagen.

Obwohl ich gerade genügend Arbeit um die Ohren hatte, änderte sich gleich meine Haltung. Irgendwie würde es zu schaffen sein, und bei einem solchen Delikt ist es ja meist auch anspruchsvolle Arbeit. Als ich mich durch die offene Tür in Doreens Arbeitsbereich wagte, sah ich an ihrem Blick, dass das Telefonat tatsächlich mir galt. Genauso wusste sie, dass ich meinen neugierigen Kopf nur deshalb in ihr Zimmer steckte, um zu erfahren, ob sie gerade ein neues Mandat für mich angenommen hatte.

So konnte sie gleich zur Sache kommen: »Eine neue Verteidigung. Tötungsdelikt. Der soll einen Bekannten zugerichtet haben, als ob er zu oft ›Schweigen der Lämmer‹ gesehen hat. Der Mandant ist schon in der forensischen Klinik.«

Ich nickte. »Ist er also vorläufig untergebracht.«

Bei einem Mord oder Totschlag kommt in Betracht, dass entweder Untersuchungshaft angeordnet wird oder, wie offensichtlich in diesem Fall, eine vorläufige Unterbringung in einer Klinik für forensische Medizin. Auch dafür ist bereits ein richterlicher Beschluss notwendig.

»Die Staatsanwaltschaft hat sicherlich schon ein Gutachten in Auftrag gegeben. Aber das werden wir bald wissen.«

»Also erst mal Akteneinsicht beantragen«, schlussfolgerte Doreen zutreffend.

Wenn es so war, wie Doreen es mir gegenüber gerade angedeutet hatte, gab es für mich als Verteidiger einiges zu tun. Nur abzuwarten, weil der Mandant ja nun dort untergebracht war, wo ihm von Psychiatern professionelle Hilfe gegeben wurde, die er auch zweifellos bräuchte, genügt nicht. Keinesfalls darf man als Anwalt einfach abwarten, bis der Gutachter seine Arbeit getan hat. Man muss schon genauer hinschauen. Die Zahlen der in forensischen Kliniken untergebrachten Personen steigen seit Jahren stetig. Allein von 1990 bis zur Gegenwart hat sich die Anzahl verdreifacht. In meiner Praxis ist mir noch kein Fall untergekommen, in dem jemand über Jahre dort zu Unrecht festgehalten worden wäre. Es gibt jedoch gerichtliche Entscheidungen, die belegen, dass es auch bei den Unterbringungen zu Fehlentscheidungen kommt. In juristischer Fachliteratur und bei Strafverteidigertagungen machen Kollegen derartige Fälle immer wieder öffentlich. Die Folgen solcher Fehlentscheidungen sind gerade in diesem sensiblen Bereich existenziell für die Betroffenen. Kommt es nämlich im Anschluss einer Hauptverhandlung zu einer Unterbringung, dann ist diese zeitlich nicht befristet wie eine unbedingte Freiheitsstrafe in einer Justizvollzugsanstalt. Im Fall der Unterbringung handelt es sich bei den

Personen nicht um Straftäter, sondern um Patienten. Die Frage der Dauer des Aufenthalts in der Klinik ist vom Behandlungsfortschritt abhängig. Das bedeutet, dass ein Patient, bei dem ein Behandlungsfortschritt ausbleibt, für den Rest seines Lebens in einer solchen geschlossenen Anstalt verbleibt.

Vor knapp fünf Jahren ereignete sich in einem solchen Kontext der über unsere Landesgrenzen hinaus bekanntgewordene Fall Mollath, einer der größten Justizskandale der deutschen Geschichte. Mollath hatte die Schwarzgeldverschiebungen seiner in einer Bank arbeitenden Ehefrau angezeigt und war als ein an Wahnvorstellungen Leidender, dem auch noch Gemeingefährlichkeit attestiert worden war, in die geschlossene Psychiatrie eingewiesen worden. Der Gutachter im Fall Mollath erstattete das forensisch-psychiatrische Gutachten ausschließlich nach Aktenlage, also ohne jemals mit dem Angeklagten gesprochen zu haben. Als sich später herausstellte, dass Mollaths Wahrnehmungen durchaus zutreffend waren, führte das noch nicht zur sofortigen Freilassung. Selbst als die Öffentlichkeit schon alarmiert war, meinte das Gericht im Anschluss an das jährliche Anhörungsverfahren, dass die Unterbringung weiter anzudauern habe. Solche Anhörungstermine finden unter dem Ausschluss der Öffentlichkeit statt. In dem Dokumentarfilm »Mollath – und plötzlich bist du verrückt« wird deutlich, wie schnell jemand in den Sog einer justizbürokratischen Maschinerie geraten und zu Unrecht für Jahre in eine psychiatrische Klinik weggeschlossen werden kann; im Fall Mollath waren es immerhin siebeneinhalb Jahre.

Und wer annimmt, dass solch fehlerhaftes Gutachten in der Geschichte des Zusammenwirkens von Justiz und Psychiatrie ein Einzelfall ist, der irrt.

Die Staatsanwaltschaft hatte in Bruno Dorschs Sache, so wie von mir angenommen, alsbald einen Gutachtenauftrag erteilt. Hier war zu prüfen, wer als Gutachter fungieren sollte. Mit so einem Gutachten steht und fällt die Frage der Unterbringung. Existiert erst einmal ein Gutachten, welches sich für eine Unterbringung im Maßregelvollzug ausspricht, kommt man von dieser Sicht kaum wieder weg. Wer hat schon das Geld, ein eigenes Gutachten in das Verfahren einzubringen? Selbst wenn das der Fall ist, wird es nur als Privatgutachten gewertet, und die Gefahr besteht, dass das Gericht es einordnet, als sei es aus Gefälligkeit erteilt. Es gibt auch keinen Anspruch darauf, dass ein Privatgutachter die Justizvollzugsanstalt oder die Klinik für Forensische Psychiatrie aufsuchen darf, um mit dem Betroffenen zu sprechen.

Meist stammt der Gutachter aus der Klinik, in der der Patient vorläufig untergebracht wurde. Und nun einmal Hand aufs Herz: Welcher in dieser Klinik tätige Gutachter, der erst Wochen nach der Aufnahme des Patienten in der besonders gesicherten Station seine Arbeit beginnen kann, wagt es und kann verantworten, zu attestieren, dass mit der vorläufigen Unterbringung aus psychiatrischer Sicht eine Fehlentscheidung getroffen wurde?

Im Fall Bruno Dorsch war mir der Gutachter als unvoreingenommen und qualifiziert bekannt. Gute forensische Gutachten zeichnen sich dadurch aus, dass sie die Fragen nach der eigentlichen psychiatrischen Erkrankung und die zur Situation bei der konkreten Tatbegehung hinreichend differenzieren.

Die Begutachtung hatte sich länger hingezogen, als erwartet. Es waren zur Erarbeitung des Gutachtens einige mehrstündige Explorationen erforderlich, an denen Dorsch auch teilnahm. Die Verweigerung der Teilnahme wäre aber auch sein gutes Recht gewesen.

Hierbei hat man als Verteidiger genau abzuwägen, was man den Mandanten rät. Das Schweigen darf einem Angeklagten zwar nicht angelastet werden, wenn der Mandant aber den Gutachter mit dem Bemerken wegschickt, dass er sich nicht untersuchen lassen möchte, dann gibt es nicht selten Gutachter, die aus dieser Verweigerung Schlussfolgerungen ziehen, die für den Mandanten nachteilig sind.

Bei Dorsch ergab sich in psychiatrischer Hinsicht zudem das Problem, dass der Patient an einer Art kombinierten Erkrankung litt, der verschiedene psychische Entitäten zugrundelagen.

Gegenüber dem psychiatrischen Gutachter hatte Dorsch erklärt: Er habe sich Hunderte Male vorgestellt, wie er die Tat begehen würde. Er konnte nicht anders, jeden Tag habe er stundenlang daran gedacht, wie er Klaus foltern und töten würde. Der habe das verdient.

Die Hauptverhandlung fand vor der für Tötungsdelikte zuständigen Schwurgerichtskammer statt, die aber auch über die endgültige Unterbringung zu entscheiden hatte.

Dorsch saß neben mir und hörte sich die Verhandlungstage hindurch alles ruhig an. Lediglich bei der Erstattung des Gutachtens bewegte er seinen Oberkörper ein wenig und lehnte sich auf dem Tisch weiter vor, so als ob er besser hören wolle. Der Gutachter war an allen Verhandlungstagen anwesend und konnte aus dem Verhalten des Angeklagten vor Gericht noch weitere Schlüsse ziehen. Noch vor den Plädoyers der Staatsanwaltschaft und der Verteidigung erstattet der Sachverständige am Ende der Beweiserhebung sein Gutachten, das wegen des Grundsatzes der Mündlichkeit der Verhandlung auch in diesem Fall vorgetragen wurde.

Aufgrund der Entscheidung der Kammer wurde Bruno Dorsch in einer speziellen forensischen Fachklinik zeitlich unbefristet im Maßregelvollzug untergebracht. Schon ein geringfügiger Versuch einer Lockerung scheiterte: Als Dorsch von einer besonders gesicherten Station auf eine andere verlegt worden war und nun statt der Plastikwasserflaschen wieder Glasflaschen nutzen durfte, war das Erste, was er tat, seinem seit einigen Wochen quälenden Drang nachzukommen und einem bestimmten Pfleger, den er »nicht leiden konnte«, die Glasflasche auf dem Schädel zu zerschlagen. Der Pfleger konnte die Wucht des Schlages durch eine Abwehrbewegung mindern und erlitt neben einer Platzwunde glücklicherweise »nur« ein Gehirn-Schleudertrauma.

Aber auch bei solchen Taten gegen Angehörige des Personals oder Mitpatienten der Klinik, so schlimm diese für die Opfer sind, hat der Verteidiger die Situation genau zu prüfen und nicht mit in das Horn zu stoßen, dass ja nichts anderes zu erwarten war und die Unterbringung durch diese Handlung gewissermaßen im Nachhinein ihre Rechtfertigung erfahre. Denn Revisionsentscheidungen des Bundesgerichtshofes in Strafsachen zeigen, dass es durchaus möglich ist, dass die in der Klinik begangene Tat ihre Ursache gerade in der Unterbringungssituation selbst hatte.

Bruno Dorsch wurde wieder auf die besonders gesicherte Station verlegt und ist weiterhin im Maßregelvollzug untergebracht, Einmal im Jahr wird seine Unterbringung, genau wie die der anderen Patienten, durch die Strafvollstreckungskammer des Landgerichts in Anwesenheit des Verteidigers geprüft.

Cyberattacke gegen die Telekom

Die Zeichen stehen auf Sturm

Dass eine Katastrophe vom Ausmaß des Hackerangriffs gegen Kunden der Deutschen Telekom ihren Ausgangspunkt in einer abgewohnten, aber dafür bezahlbaren Wohnung auf Zypern nahm, das konnte bis dahin niemand erahnen.

»Willst du nicht endlich ins Bett kommen?«, fragte Catherine von der Tür aus, bevor sie hereintrat. Sie machte sich meist erst bemerkbar, ehe sie sich ihm näherte. Und das hatte mehrere Gründe: Einerseits war Daniel fast immer so in seine Arbeit am Computer vertieft, dass er ihr Hereinkommen überhaupt nicht bemerkte und dann hochschreckte, wenn sie plötzlich neben ihm stand, und andererseits wusste sie, dass er bei dieser Arbeit nicht gern beobachtet werden wollte.

Sie unternahm noch einen Versuch: »Es wird bald hell. Wenn es Tag wird, ist es wieder so heiß, dass wir nicht schlafen können.«

»Ich glaub es einfach nicht! Es ist nicht zu fassen!«, brüllte Daniel in Richtung des Bildschirms. Das Licht färbte sein Gesicht bläulich, was seine Haut noch blasser erscheinen ließ, als sie ohnehin war. Eigentlich war er ein Typ, der schnell braun wurde, wenn er mal an die Sonne kam. Er aber machte seit Jahren die Nacht zum Tag.

Die dunkelhaarige Schönheit Catherine wusste, dass er sie mit seinem Gebrüll nicht gemeint hatte. Sie liebte ihren Daniel, obwohl sie dessen Leidenschaft für Computer nicht teilte und es besser gefunden hätte, wenn er sich bei irgendeiner Computerfirma einen Job suchte und regelmäßig Geld nach Hause bringen würde.

Teilhaben wollte sie dennoch an seinem Leben. Und so erkundigte sie sich: »Was denn?«

Er fuhr plötzlich herum und sah zu ihr auf.

Sie erblickte, weshalb sie ihn liebte: So eine Begeisterungsfähigkeit, so ein Enthusiasmus! Daniel war anders als die selbstzufriedenen und selbstverliebten Typen, die sie in England kennengelernt hatte, die nicht über ihren Tellerrand schauten und denen egal war, was außerhalb ihrer Insel geschah.

»Das muss ich dir zeigen! Komm!« Er streckte seine Hand aus, während sie langsam auf ihn zuschritt.

Sie liebte ihn, wenn sein Herz überlief und sich seine Freude durch die funkelnden dunklen Augen Bahn brach. Sie dachte bei sich, dass Daniel in seinem eigenen Universum lebte, fast so, als ob das Leben für ihn in der digitalen Welt hinter dem Bildschirm erst richtig begann. Sie wusste, dass sie ihm wichtig war. Alles andere war nebensächlich. Daniel scherte sich um sein Äußeres genauso wenig wie um das Geschwätz der Nachbarn, die die neuen britischen Mieter kaum zu Gesicht bekamen. Hier, auf Zypern, fühlte sich Daniel, der in Israel geboren war, heimischer als in seiner britischen Wahlheimat.

Erregt rief er aus: »Wir erleben gerade eine Revolution. Wirklich! Genau jetzt!«

Sie zog ihn vom Stuhl hoch. »Du kannst mit ins Bett kommen und mir zeigen …«

Er schaute in ihre dunklen Augen, die er so sehr liebte, zog sie an sich und wiederholte: »Wirklich! Eine

Revolution!« Er glaubte, dass er ihr Interesse geweckt hatte, und ereiferte sich weiter: »Weißt du, Menschen bekommen meist gar nicht die Besonderheit des Moments mit, in dem sie leben. Die Sorgen des Alltags übertünchen die Farbexplosion mit ihrem üblichen Grau. Erst später begreifen sie, dass es der Punkt war, an dem sich die Weichen gestellt haben, an dem deutlich wurde, dass eine Revolution, ein Krieg oder ein Naturereignis unausweichlich wurde. Menschen leben und lieben ihren Trott in der Herde. Die Augen zu öffnen, hieße, sich Sorgen machen zu müssen, sich der Gefahr zu stellen und auch«, er rang nach Worten, »Verantwortung zu übernehmen.«

Sie nahm seine Hand und drückte sie auf ihren Bauch. »Du solltest Verantwortung für uns übernehmen«, hauchte sie.

Daniel stutzte. »Wir bekommen ein Baby?«

Sie lächelte. »Noch nicht. Aber wer weiß, wenn du jetzt mit ins Bett kommst.«

Er zog die Hand weg. »Heute geht es wirklich nicht. Hier ist die Hölle los!«

Catherine zog die dunklen Brauen hoch. »Hier?« Dann lächelte sie, blickte sich um, als ob sie prüfen wollte, wo genau denn die Hölle ausgebrochen sei, und stellte in einem gespielten Tonfall fest: »Hier ist gar nichts los.«

»Haha«, entgegnete Daniel und zog sie fest an sich. »Ich wollte es auch erst nicht wahrhaben. Da ist jetzt eine Version von ›Mirai‹ im Netz, die ich für mich nutzen kann … die alle Hacker nutzen können. Damit verknüpft man Hunderte, ja Tausende von Rechnern, aber auch andere Technik, die mit dem Internet verbunden ist, und nutzt deren Kapazität.«

Sie begann zu lachen. Jede Frau hätte, so dicht an ihren Freund gepresst, eine Liebeserklärung erwartet, und fast jeder Mann hätte dieser Erwartungshaltung entsprochen. Aber nicht ihr Daniel. Und auch dafür liebte sie ihn. Bald würden sie heiraten.

Alle Zeichen standen auf »Sturm«, als im Herbst 2016 wieder einmal Bewegung in die Foren kam, die sich mit Internetsicherheit und Cyberkriminalität beschäftigten. Im Internet war der Quellcode der Schadsoftware »Mirai« bekannt geworden. Über deren Nutzbarkeit wurde in Hackerforen diskutiert. Auf der Plattform »Hack Forums« verbreitete das Mitglied mit dem Pseudonym »Anna-Senpai« den Link mit dem Quellcode.

Der amerikanische Journalist und investigative Reporter Brian Krebs, der auf seiner Website KrebsOnSecurity.com auf aktuelle Gefahren der Cyberkriminalität verweist, war selbst Opfer einer Attacke geworden, bei der mittels »Mirai« andere IT-Geräte gegen seine Website eingesetzt wurden. In der Folge war die Seite für Nutzer nicht mehr erreichbar. Die Angreifer hatten dazu mit dem Internet verbundene Geräte in einer bisher nicht gekannten Anzahl genutzt, ohne dass deren offizielle Betreiber etwas davon mitbekamen.

Mit den in das Botnetz massenhaft integrierten Geräten konnten nun groß angelegte Cyberangriffe erfolgen, indem zahllose Anfragen oder Mails an bestimmte Internetadressen gesandt wurden, um die Server durch die einstürmende Datenflut zu überlasten, sogenannte Distributed-Denial-of-Service-Attacken (DDoS).

Die Onlineversion der Zeitschrift »Daily Mail« warnte nach dem Fall Brian Krebs vor weiteren, noch größeren Angriffen.

Die Attacke auf »KrebsOnSecurity« war mit bisher nicht gekannter Intensität erfolgt. Am 20. September 2016 wurde die Seite gegen 20 Uhr mit einer Datenflut von ungefähr 665 GB pro Sekunde angegriffen. Die Zeitung sprach davon, dass die Seite mit dieser Masse Daten »bombardiert« worden sei und zitierte einen Spezialisten für Internetsicherheit, der zu dem bis dahin größten gemessenen Angriff berichtete, bei dem eine Cyberattacke mit einer Intensität von 363 GB pro Sekunde gemessen worden war.

Im Oktober und November 2016 kam es dann unter Nutzung des Botnetzes »Mirai« zu weiteren groß angelegten Cyberattacken auf den Internetdienstleister »Dyn« sowie die Webdienste Twitter, Spotify und Amazon.

Als dann Hacker für ihre Cyberangriffe mittels der Schadsoftware warben, wurde klar, dass es nur eine Frage der Zeit war, bis es noch größere Attacken geben würde. Sicherheitsforschern von Bleepingcomputer.com gelang es nach eigenen Angaben, mit zwei Hackern in Verbindung zu treten, die Cyberattacken dieser Art anpriesen. Sie traten im Netz mit den Namen »BestBuy« und »Popopret« auf. Da diese bereits in der Vergangenheit mit der Malware »GovRAT« von staatlichen Stellen, Banken und vielen US-Unternehmen Daten erspäht haben sollten, war den Sicherheitsforschern klar, dass es sich um Hacker mit ausreichender krimineller Energie handelte und nicht lediglich um sogenannte Scriptkiddies.

In Deutschland warnte unter anderem »heise Security« vor diesen Hackern mit dem Artikel »Kriminelle bieten Mirai-Botnetz mit 400 000 IoT-Geräten zur Miete an«. Darin wurde unter Bezugnahme auf die Erkenntnisse von Bleepingcomputer.com mitgeteilt, dass die Hacker weltweit IT-Geräte unter ihre Herrschaft bringen, um mit deren Hilfe Cyberattacken zu starten. Es wurde auf die beiden Sicherheitsforscher von Bleepingcomputer.com verwiesen, die unter den Pseudonymen

»2sec4u« und »MalwareTech« das Netz überwachten, das die Hacker für ihre Angriffe ausbauten. Ihre Ergebnisse teilten die Forscher via Twitter und ihre Webseite mit. Aus der Live Map dieser Webseite war zu erkennen, dass weltweit bereits mehr als 3 Millionen Geräte unter der Kontrolle des »Mirai«-Botnetzes standen.

Spidermans Hackerattacke

Die Meldungen in den Mainstreammedien überschlugen sich dann, als man feststellte, dass am 27. November 2016 nicht lediglich einzelne Router in Deutschland ausgefallen waren. Zum Monatsende waren massenhaft Anschlüsse von Telekom-Kunden von Störungen betroffen. Diese Störungen betrafen nicht bestimmte Regionen, sondern bundesweit bestimmte Typen von Internetroutern.

Zunächst trafen einzelne Beschwerden von Telekom-Kunden ein, die über ihren Router keine Verbindung mit dem Internet herstellen konnten. In der Spitze waren über 1,25 Millionen der insgesamt rund 20 Millionen Telekom-Anschlüsse betroffen, denen weder ein Zugang zum Internet noch zum Telefonnetz gelang.

Politiker und gut unterrichtete Quellen aus Sicherheitskreisen wussten es sofort: Die Russen stecken dahinter! Nur allzu schnell posaunten Newsticker diese Erkenntnisse in die Welt hinaus.

Andere Quellen aus Sicherheitskreisen wurden dahingehend zitiert, dass diese Attacke zweierlei Ziele hätte: einmal einen Angriff auf ein deutsches Großunternehmen, um zu zeigen, wie verletzlich die deutsche Infrastruktur sei, und zum anderen sei ja im nächsten Jahr der G-20-Gipfel in Deutschland. Da wollte man schon mal einen Probelauf starten, um im kommenden

Jahr gewiss sein zu können, dass man das gesamte Internet und die gesamte Telekommunikation lahmlegen könne.

Der saarländische Innenminister Klaus Bouillon verwies im »ZDF heute journal« zwar auf den spekulativen Charakter der Behauptung, dass Russland hinter der Attacke stecke, jedoch verstärkte er diese Vermutung sogleich, indem er hinzufügte, dass einiges auf eine Moskauer Urheberschaft hindeute.

Auf Welt.de, einer gemeinsamen Website von WELT und N24, war am 29. November 2016 unter der Überschrift »Warum die Spur der Hacker so oft nach Moskau führt« zu lesen, dass es auch bei dem Angriff auf die Telekom kaum Beweise gäbe, zeitliche Zusammenhänge aber den Schluss zuließen, dass derlei Attacken Teil der russischen Strategie seien.

Diese von den Mainstreammedien kolportierten Gewissheiten erwiesen sich sämtlich als Seifenblasen.

Da es sich bei dem Hackerangriff um eine »Gefährdung kritischer Kommunikationsinfrastrukturen« gehandelt habe, war das Bundeskriminalamt im Auftrag der Zentral- und Ansprechstelle »Cybercrime NRW« mit den Ermittlungen befasst. Schnell wurde deutlich, dass der Hackerangriff gar nicht die Funktionsfähigkeit der Telekom-Router als Ziel hatte. Vielmehr sollten diese, wie viele andere Geräte auch, gerade von den Nutzern unbemerkt mittels Verwendung einer Schadsoftware in das Botnetz »Mirai« eingebunden werden, ohne dass ihre Funktionsfähigkeit beeinträchtigt würde.

Den offiziellen Verlautbarungen zufolge war man dem vermutlichen Täter vor allem durch Datenanalysen der Telekom und des Bundesamtes für Sicherheit in der Informationstechnik auf die Schliche gekommen. Mittels Auswertung dieser Daten seien danach die Domains der Command- und Controlserver ermittelt worden. Hierbei stießen die Ermittler auf einen britischen Staatsbürger, der seinen Wohnsitz nach Zypern verlegt hatte. Dieser hatte sich bei seinen Internetanbietern mit den Namen »Peter Parker« und »Spiderman« registrieren lassen. Ob auch er es war, der im Netz weitere Pseudonyme, wie »BestBuy« und »Popopret«, nutzte, dazu gab es widersprüchliche Aussagen; teilweise wurde davon ausgegangen, dass alles Pseudonyme ein und desselben Hackers seien, teilweise wurde die Auffassung vertreten, dass zwei Hacker hinter den Namen und Taten stünden.

Nachdem die E-Mail-Adressen ermittelt worden waren, konnte auch der tatsächliche Aufenthaltsort des Briten in Zypern ausfindig gemacht werden.

Drei Monate später, am 22. Februar 2017, wurde der Hacker auf dem Flughafen Luton, nördlich von London, durch Kräfte der National Crime Agency festgenommen. Es war der neunundzwanzigjährige Daniel Kuadra, den amerikanische und britische Onlinemagazine unverblümt mit seinem vollen Namen nannten. In den deutschen Medien wurde er lediglich als »Brite« bezeichnet, obwohl er als Kind in Israel aufgewachsen war und neben der britischen auch die israelische Staatsbürgerschaft besaß. Von den Kontakten des Beschuldigten nach Hongkong war in deutschen offiziellen Verlautbarungen nichts zu hören.

Im März wurde Daniel Kuadra im Zuge eines vereinfachten Auslieferungsverfahrens nach Deutschland überstellt und saß bis zur Verhandlung vor dem Landgericht Köln in Untersuchungshaft.

Schon bei den Befragungen durch die Polizei war er weitgehend geständig. Er habe diesmal beim Aufbau eines Botnetzes im Auftrag eines liberianischen Telekom-

Unternehmens gehandelt, um die Cyberattacke gegen den liberianischen Konkurrenten »Lonestar Cell« zu führen.

Wegen der geständigen Einlassungen konnte die Anklage recht zügig erhoben werden. Schon im Juli 2017 fand die Hauptverhandlung vor der 18. Großen Strafkammer des Landgerichts Köln an zwei Verhandlungstagen statt, an denen dem Angeklagten zwei Verteidiger zur Seite standen.

Daniel Kuadra selbst, ein hochgewachsener, schlanker Mann mit schwarzem Haar, einem unmodernen Topfschnitt, umschatteten dunkelbraunen Augen und einem markant hervorstehenden Kehlkopf, war nicht darauf erpicht, von den Kameraleuten und Fotografen aufgenommen zu werden. Die Prozessbilder zeigen ihn immer mit einem roten Aktendeckel, den er sich vor das Gesicht hält.

Im Verhandlungssaal anwesend waren auch die Mutter des Angeklagten und dessen Freundin, die Britin Catherine Martin.

Nach Eröffnung der Hauptverhandlung und der Feststellung der Anwesenheit wurde die Anklageschrift durch den Vertreter der Staatsanwaltschaft verlesen, die dem Angeklagten durch eine Dolmetscherin in seine Muttersprache übersetzt wurde. Der Vorwurf in der Anklage lautete, dass Daniel Kuadra eine versuchte gewerbsmäßige Computersabotage begangen habe. Dafür drohte eine Haftstrafe von sechs Monaten bis zehn Jahren.

Daniel Kuadra legte vor dem Gericht ein umfassendes Geständnis ab. Er ließ von einem seiner Anwälte dazu eine Erklärung verlesen, wonach er den Tatvorwurf einräumte und die Begehung der Tat bereute.

Wie schon in den Vernehmungen im Rahmen des Ermittlungsverfahrens bestätigte er, dass im Auftrag eines Telekom-Unternehmens aus Liberia mittels Router auf der ganzen Welt ein Konkurrent haben angegriffen werden sollen. Der Angriff sei nicht gezielt gegen Router der Telekom gerichtet gewesen. Es sollten vielmehr Router rund um den Globus erreicht werden, um aus den gekaperten Geräten ein Botnetz aufzubauen. Mit diesem sollten dann weitere Angriffe gestartet werden, die sich dann gezielt gegen die Konkurrenz des Auftraggebers richten würden. Er habe für den Cyberangriff gegen den Konkurrenten eines liberianischen Telekom-Unternehmens die Zahlung von 10 000 Dollar in Aussicht gestellt bekommen. Er habe das Geld gebraucht, da er seine Freundin heiraten und mit dem Auftrag die Hochzeitskasse auffüllen wollte. Seinen Lebensmittelpunkt habe er nach Zypern verlegt, weil dort die Lebenshaltungskosten niedriger seien als in Großbritannien.

Der Angeklagte teilte dem Gericht mit, dass er keinerlei Ausbildung oder Studium absolviert habe. Sein IT-Wissen habe er sich nach seinem Highschool-Abschluss selbst angeeignet. Er arbeite freiberuflich als IT-Spezialist. Um zu Geld zu kommen, biete er Leistungen auch im Darknet an. Im konkreten Fall sei es jedoch nicht vorrangig um das Geld gegangen, sondern er habe auf diese Weise seine Fähigkeiten unter Beweis stellen und sich so für eine Festanstellung präsentieren wollen. Dass er bei der Cyberattacke circa 1,25 Millionen Telekom-Router lahmgelegt hatte, habe er erst aus den Medien erfahren.

Im Verlaufe des ersten Verhandlungstages wurde der Auslieferungsantrag aus Großbritannien verlesen. Daraus konnte man erahnen, welche Leistungen Daniel Kuadra im Darknet angeboten hatte. Es wurden ihm zwölf verschiedene Taten zur Last gelegt, wozu auch die Hackerangriffe gegen zwei britische Großbanken mittels verschiedener Botnetze zählten.

Zunächst hatte er der Lloyds-Bank in Mails gedroht, die Bank anzugreifen, wenn nicht ein bestimmter Geldbetrag gezahlt werde. Die Bank reagierte nicht, worauf Kuadra deren Internetseite mit von ihm gekaperten Geräten attackierte. Durch die DDoS-Attacke war die Internetseite der Bank nur noch eingeschränkt verfügbar gewesen. Dabei soll ein Schaden in Höhe von 190 000 Pfund entstanden sein.

Anschließend habe er sich mit der gleichen Drohung an die Barclays-Bank gewandt, die ebenfalls nicht zahlte. Auch dort war die Internetseite nur noch eingeschränkt erreichbar gewesen und dadurch ein Schaden entstanden; diesmal in Höhe von 146 000 Pfund.

In einer ganz anderen Liga spielte dann der Fall, in dem er mit von ihm aufgebauten Botnetzen das afrikanische Telekommunikationsunternehmen MTN angegriffen ahbe. Der Datenverkehr zwischen Europa und Afrika läuft über ein Tiefsee-Glasfaserkabel namens »Africa Coast to Europe«. Dieses Kabel soll unter der Last der Attacke nur noch eingeschränkt funktioniert haben, wodurch unter anderem Mobiltelefone für fünfzehn Minuten komplett nicht mehr erreichbar gewesen seien. MTN war durch diesen Angriff ein Schaden in Höhe von 17,6 Millionen Dollar entstanden.

Im Prozess wurde bestätigt, dass der Angriff im November 2016 auf die Schaffung eines Botnetzes gerichtet war, der im Fall der Deutschen Telekom ordentlich danebenging. Der Provider benötigte mehrere Tage, um die Ausfälle unter Kontrolle zu bringen. Das Unternehmen schätzte den Schaden auf rund 2 Millionen Euro.

Ein Telekom-Techniker erläuterte im Prozess die technischen Details des Ausfalls der Router. Ursache dafür waren die in den Routern integrierten Schutzmaßnahmen. Die deutschen Router seien gegen solche Cyberangriffe gerüstet gewesen. Die wiederholten Angriffe auf die Router hätten diese jedoch überlastet, so dass es zu einem nicht ganz so geplanten Distributed-Denial-of-Service-Angriff gekommen sei. Die Router seien wegen dieser Überlastung zur Abschaltung gezwungen worden.

In seinem Plädoyer führte einer der Verteidiger aus, dass die Untersuchungshaft seinem Mandanten sehr zugesetzt habe. Da Kuadra der deutschen Sprache nicht mächtig sei, sei es für ihn sehr schwer gewesen, im Gefängnis Anschluss zu finden. Auch der Umgang mit seiner Krankheit – Kuadra ist Diabetiker – sei für seinen Mandanten während der bisherigen Haft sehr schwer gewesen.

In seinem letzten Wort erklärte Kuadra, was nicht mehr hätte übersetzt werden müssen: »It was the biggest mistake of my life.«

Nach einer Unterbrechung der Verhandlung trat das Gericht zur Urteilsverkündung in den Saal.

Kuadra drehte seinen Kopf in Richtung der Zuschauer, suchte den Blick seiner Freundin und flüsterte ihr zu: »I love you!«

Der Vorsitzende verkündete das Urteil: Daniel Kuadra wurde zu einem Jahr und acht Monaten Haft verurteilt, die zur Bewährung ausgesetzt wurden.

Der Vorsitzende Richter Christof Wuttke führte am Ende des zweiten Verhandlungstages in der Urteilsbegründung aus, dass berücksichtigt worden sei, dass der Angeklagte vollumfänglich und rückhaltlos gestanden habe und seine Tat bereue. »Wir nehmen Ihnen Ihre Reue ab«, erklärte der Vorsitzende.

Auch war zu berücksichtigen, dass Daniel Kuadra bisher noch nie straffällig geworden sei. Sein Motiv sei

Geldnot gewesen. Das Gericht, so der Vorsitzende weiter in der Urteilsbegründung, sehe in dem Angeklagten »keinen gewachsenen Kriminellen«.

Als der Richter später an Kuadra gerichtet unterstellte: »Ich bin sicher, dass Sie einen solchen Auftrag auch für 30 000 Dollar nicht noch einmal annehmen würden«, nickte der Verurteilte zustimmend.

Mit dem Strafmaß von einem Jahr und acht Monaten Haft blieb die Kammer unter dem Antrag der Staatsanwaltschaft und sogar noch unter dem Antrag der Verteidigung.

Zwar wurde der bestehende Haftbefehl mittels Beschluss aufgehoben, jedoch bedeutete dies nicht, dass Kuadra nun auf freien Fuß kam. Es schloss sich entsprechend dem verlesenen britischen Antrag die Auslieferungshaft an, weil er sich in Großbritannien für weitere Taten zu verantworten hat.

Spidermans Zombie-Armee

Was deutsche Medien Ende November 2016 zu wilden Spekulationen veranlasste und deutsche Ermittlungsbehörden und deren Cyberspezialisten auf den Plan rief, ist wenig aufsehenerregend, wenn man die zeitgleich im Internet veröffentlichten Informationen zur Kenntnis nimmt. Das Onlinemagazin »Motherboard« hatte bereits am 29. November 2016 in einem Artikel zum Onlinechat mit »BestBuy« zu kürzlich stattgefundenen Cyberattacken, einschließlich des Falls des Angriffs auf die Telekom-Router, zur Vorgehensweise der Täter und zu weiteren Einzelheiten berichtet.

Das Magazin schilderte detailliert, dass zwei Hacker mittels einer modifizierten Version der Malware »Mirai« eine neue, kraftvolle »zombie army« aus Ressourcen von Internetnutzern geschaffen hätten. Die Cyberkriminellen böten laut den Informationen aus diesem Artikel ihre »Dienste« jedem an, der bereit sei, deren Preise zu zahlen. Sogar die »Preisliste« für seine »Leistungen« gebe »BestBuy« in dem Chat, der Grundlage des Artikels war, bekannt. Die Preise differierten je nach Dauer und Intensität der geplanten Cyberattacke. In dem Artikel wird auch geschildert, dass »BestBuy« die Verantwortung für den Ausfall der über 1 Million Telekom-Router übernehme und er sich bei den Telekom-Kunden dafür entschuldige: »It was not our intention.«

Der amerikanische Journalist Brian Krebs brachte gleich nach der Verurteilung durch das Landgericht Köln die Identität des Daniel Kuadra in seinem Blog an den Tag. Verdeckte der Angeklagte in der Verhandlung sein Antlitz vor den Fotografen noch mit erhobenen roten Aktendeckeln, so wies Krebs auf den bestehenden Facebook-Account des Täters mit entsprechenden Fotos hin. Zudem brachte er Kuadra mit dem Gebrauch und dem Verkauf des Spionageprogramms »GovRAT« in Verbindung, zu dem Cyberangriffe gegen Regierungen, Banken, Sicherheitsfirmen und mehr als einhundert Wirtschaftsunternehmen dokumentiert sind. Brian Krebs prüfte bei seinen Recherchen auch frühere Domains, E-Mail-Adressen und Pseudonyme und stellte dabei eine Vorliebe des Täters für verschiedene Verwendungen des Namens »Spiderman« fest. »spdr01« war danach bereits im Jahre 2008 eines der Kernmitglieder des israelischen Hackingforums und des IRC-Chatrooms Binaryvision.co.il.

Wenn man die Archivseite von BinaryVision besucht, wird schnell deutlich, dass »spdr« ein technisch hochbegabter junger Mann ist, der komplizierteste Artikel über Cybersicherheit im Internet und im Mobilfunkbereich geschrieben hat.

Ob den Angaben des Angeklagten im Prozess vor dem Landgericht Köln so einfach Glauben zu schenken war, daran darf auch nach weiteren Recherchen von »SpoofIT« gezweifelt werden.

In dem Artikel »Spiderman – A Spot in The Net« wird aufgezeigt, dass es völlig unglaubwürdig ist, dass Daniel Kuadra lediglich aufgrund eines einzelnen gegenwärtigen Auftrages eines liberianischen Telekom-Unternehmens eine Cyberattacke gegen einen Konkurrenten habe starten wollen. Spoofit.org weist nach, dass es Angriffe von »spdr01« und »parkajackets«, die auf die Identität des Angeklagten Kuadra zurückgeführt werden könnten, gegen das liberianische Konkurrenzunternehmen schon vorher gab. Diese früheren Angriffe wurden noch ohne Verwendung der Schadsoftware »Mirai« geführt. Spoofit.org erbringt auch den Nachweis, dass Kuadra für seine Aktivitäten IP-Adressen aus dem Vereinigten Königreich und Hongkong verwendet habe, wohin seine Verlobte Catherine Martin verwandtschaftliche Beziehungen habe. Zur Schmach aller Ermittlungsbehörden auf der Welt, die seit Jahren hinter »Spiderman« her waren, fragt der Artikel, weshalb die Identifizierung des Täters so lange auf sich warten ließ, und zeigt auf, wie in einigen wenigen, unspektakulären Schritten die Identität des Täters herauszufinden gewesen wäre.

Das perfekte Verbrechen?

Zielscheibe KaDeWe

Das Kaufhaus des Westens in Berlin feierte 2007 seinen hundertsten Geburtstag. Mit seinem Ruf, seiner Geschichte, seiner Lage, den circa 60 000 Quadratmetern Verkaufsfläche und den rund 50 000 Besuchern täglich – eine Zahl, die sich in der Vorweihnachtszeit auch schnell einmal verdoppelt – gehört es zu den bekanntesten Kaufhäusern Deutschlands und stellt eine der Touristenattraktionen in der Hauptstadt dar. In Europa ist von der Verkaufsfläche her nur noch das Harrods in London größer. Dieser schillernden Seite der Medaille steht aber auch eine dunkle Seite gegenüber: Immer wieder wurde das KaDeWe trotz eines ausgefeilten Sicherheitskonzepts Zielscheibe von Straftaten.

1988 wurde das Kaufhaus erpresst. Arno F., vor seiner Festnahme als Kaufhauserpresser »Dagobert« bekannt, forderte 500 000 D-Mark. Um seiner Forderung Nachdruck zu verleihen, ließ er am 25. Mai nachts eine Bombe im Kaufhaus explodieren, die durch ihre Detonationswucht einen Sachschaden in Höhe von 250 000 D-Mark verursachte. Daraufhin entschloss sich der Kaufhauskonzern zur Zahlung des Lösegelds. Das Geldpaket wurde nach Vorgaben des Erpressers aus der fahrenden S-Bahn geworfen. Arno F. konnte mit dem Geld entkommen und davon einige Jahre leben, bis er nach weiteren Kaufhauserpressungen im Jahre 1994 gefasst wurde.

Im August 2014, an einem Sonntag, wurde das KaDeWe Ziel eines Blitzdiebstahls. Die Täter schlugen am Morgen mit einem großen Stein ein Loch in das Schaufenster an der Ecke Tauentzien und Passauer Straße. Einer der Täter kletterte durch das Loch und stahl Uhren vorwiegend der Marke »Omega«. Nach kurzer Zeit flohen die Täter mit einem Kombi-Fahrzeug, an das sie zuvor gestohlene Kennzeichen angebracht hatten.

Mit brachialer Gewalt gingen Gangster vor, die im Jahr 2014 etwas von dem Weihnachtsgeschäft des Hauses abhaben wollten. Gegen 10.20 Uhr raste am Sonnabend des letzten Adventswochenendes ein dunkler Audi auf den Bürgersteig und hielt direkt neben dem Kaufhaus. Von den fünf Tätern rannten vier in das Gebäude, bewaffnet mit Machete, Axt und Hämmern; später riss einer der Verbrecher noch einen Feuerlöscher aus der Halterung, weil er diesen für das geeignetere, weil schwerere Werkzeug hielt. Einem Wachmann, der sich ihnen in den Weg stellte, sprühten sie Reizgas ins Gesicht. Dann versprühten sie Reizgas überall im Raum. Kunden und Verkäufer flüchteten. Das Reizgas verteilte sich über das Lüftungssystem im gesamten Haus. Sechzehn Personen erlitten Reizungen der Atemwege und Schleimhäute. Die vier maskierten Täter schlugen wie wild auf das Panzerglas der Vitrinen der Juweliere Chopard und Rolex ein, zerstörten diese und konnten Uhren und Schmuck im Wert von über 800 000 Euro stehlen. Nach 79 Sekunden waren die Täter mit der Beute wieder verschwunden. Die meisten der Täter waren polizeibekannte Angehörige einer arabischen Großfamilie, die gefasst und verurteilt wurden.

Am 14. Januar 2017 drangen gegen 7 Uhr zwei maskierte, mit Jeans und dunklen Jacken bekleidete Täter gewaltsam über einen der in der Ansbacher Straße gelegenen Seiteneingänge in das KaDeWe ein. Sie schlugen in den Geschäftsräumen des Juweliers Christ mit Äxten auf die Vitrinen ein, verstauten Uhren und Schmuck in einer schwarzen Tasche und waren nach wenigen Sekunden wieder verschwunden. Angestellte, die früh zur Arbeit erschienen waren, sahen die Täter noch mit Äxten durch das Kaufhaus laufen. Der Alarm war dieses Mal erst gar nicht ausgelöst worden, weil die Diebe den Umstand ausnutzten, dass während der morgendlichen Reinigungsarbeiten die Alarmanlage ausgeschaltet wurde. Als die Polizei eintraf, waren die Täter längst mit einem dunklen Mercedes über den Wittenbergplatz in Richtung Urania geflüchtet; das Fluchtfahrzeug ging einige Minuten später an der Wendlandzeile in Schöneberg in Flammen auf.

Der Wert der Beute lag im sechsstelligen Bereich. Für Hinweise, die zur Ergreifung der Täter und/oder dem Auffinden der Beute führten, lobte die Versicherung des Juweliers eine Belohnung in Höhe von 50 000 Euro aus und sicherte dem Hinweisgeber absolute Diskretion zu.

Die zuständige Abteilung 443 des Landeskriminalamts Berlin nahm die Ermittlungen wegen schweren Bandendiebstahls auf.

Der Coup

Im Gegensatz zu den plumpen, mit brachialer Gewalt und kalter Rücksichtslosigkeit realisierten Blitzeinbrüchen steht ein in mehrfacher Hinsicht bemerkenswerter Fall, der sich an einem Wochenende im Januar 2009 ereignete.

Im Schutze der Dunkelheit rollte am 25. Januar in den frühen Morgenstunden ein weißer Kleintransporter durch die Berliner Straßen. Der Fahrer achtete penibel darauf, die Geschwindigkeit auf den Straßen der Hauptstadt nicht zu überschreiten. Das würde noch fehlen: ein Porträt von ihnen, geschossen aus einem der stationären Blitzer im Stadtzentrum. Selbstverständlich würden die Ermittler die Blitzer und Überwachungskameras prüfen, sobald ihr Bruch bekannt werden würde, um eventuelle Hinweise zu erlangen.

Vor drei Stunden hatten sie auf einem Parkplatz in Steglitz, der recht verborgen hinter einem Fußballfeld lag, die Kennzeichen gestohlen und an ihren Transporter montiert. Um mit ihren Leitern am KaDeWe nicht aufzufallen, hatten sie auf dem Transporter Werbung eines Berliner Elektrounternehmens aufgeklebt, die den Originalen zum Verwechseln ähnlich sahen. Diese Aufkleber hatte der Chef schon vor drei Monaten bestellen lassen. Dass ein Unternehmen am Sonntag in den Morgenstunden seine Arbeiten am Gebäude beginnt, um nicht den Betrieb an einem der Verkaufstage aufzuhalten, wäre für eventuelle frühe Passanten durchaus verständlich. Dennoch mussten sie so unauffällig wie möglich agieren.

Genau aus diesem Grund hatten sie den ersten Versuch vor einer Woche abgebrochen. Wie geplant waren sie neben dem KaDeWe in die Ansbacher Straße eingebogen und parkten dort den Transporter. Gerade in dem Moment trottete ein alter Herr mit seinem Hund vorbei. Der Alte blickte teilnahmslos in den Wagen. Einfach im Gefährt sitzen zu bleiben, würde verdächtig wirken. Der Beifahrer stieg aus und verabschiedete sich von den Insassen so, als ob sich ein Kollege nach einer Nachtschicht vom Rest des Trupps trennte. Nach ein paar Hundert Metern sammelten sie ihn wieder auf und fuhren los. Wenn der Alte sie jetzt noch einmal beobachtete, würde er sich das Fahrzeug und die Personen merken. Nach ein paar Tagen Abstand aber blieb nicht einmal der Hauch einer Erinnerung.

Beim zweiten Versuch biegt der Transporter wieder in die Ansbacher Straße und hält direkt neben dem KaDeWe.

Drei dunkel gekleidete Männer steigen aus, während der Fahrer das Umfeld sichtet. Die drei Männer holen eine leichte Metallleiter, eine in einem Rucksack verborgene Strickleiter und weitere Taschen mit Seil, Brecheisen und Schraubendreher aus dem Fahrzeug. Die drei begeben sich in Richtung des Einganges, der vierte Mann bleibt im Fahrzeug. Sowohl der Mann im Wagen als auch einer der drei Einbrecher halten ein kleines Gerät mit blau schimmerndem Display in der Hand, mit dem sie den Polizeifunk abhören können.

Mithilfe der Leiter klettern die Täter auf das Vordach des Eingangs und hieven die Leiter hinterher. Sie ziehen ihre Masken über, da sie jetzt im Innern des Hauses zum ersten Mal von Videokameras erfasst werden. Wichtig ist, dass sie alle Eigenarten ihres Ganges, übliche Gesten und Marotten der Bewegung vermeiden und sich so gleichförmig wie möglich bewegen. Das Fenster hebeln zwei der Ganoven mit einem schweren Brecheisen auf. An den mit den Bewegungsmeldern gekoppelten Alarmanlagen und Videokameras vorbei steigen sie im ersten Stockwerk in die Abteilung der Herrenbekleidung. Sie wissen genau, in welchem Radius sie sich bewegen müssen, um keinen Alarm auszulösen. Nachdem alle im Gebäude sind, drückt der Letzte das Fenster wieder heran. Von außen ist nun nichts mehr zu sehen.

Der weiße Transporter setzt sich in Bewegung, um in einer Parklücke abgestellt zu werden. Der Fahrer ist warm angezogen. Er hat über eine Stunde Zeit, bis seine Dienste gebraucht werden.

Die drei Männer im Innern des Kaufhauses wissen, dass sie weder die Treppe noch die Rolltreppe benutzen dürfen, um ins Erdgeschoss zu gelangen, wo sich die von Dieben begehrten Schmuckstücke und teuren Uhren befinden. Dorthin zu gelangen, ist von der ersten Etage aus nach dem Sicherheitskonzept des Hauses eigentlich nicht möglich.

Sie jedoch, mit ihrem Wissen, wollen nur einen der Schwachpunkte ausnutzen, um ihr Ziel zu erreichen. Die drei Männer ziehen aus ihren eng anliegenden Jacken LED-Kopflampen heraus, wie man sie für das abendliche Joggen benutzt. Die Gläser sind mit blauer Folie abgedunkelt, damit verdächtige Lichtstrahlen nicht nach außen über die Fenster oder den Lichtschacht dringen und sie verraten.

Solange sie sich strikt an den Plan halten, den ihnen der Alte eingebläut hatte, können sie nicht erwischt werden.

Ihnen ist bekannt, dass sie auf ihrem Weg von mehreren Überwachungskameras gefilmt werden. Der Alte hat deshalb drei junge Männer mit fast gleicher Größe und Statur ausgewählt, die auf den Aufnahmen nicht zu unterscheiden sind. Sie mussten auch alle schlank sein, um die weitere geplante Strecke bewältigen zu können. Keiner der Männer gibt in Richtung Kamera etwas von seiner Persönlichkeit oder seinem Temperament preis, um den Ermittlern so wenig Anhaltspunkte wie möglich zu liefern. Wenn der Coup wie geplant gelingt, würden Ermittler sich die Aufnahmen der Kameras später wieder und wieder anschauen. Würde man nichts finden, würden auf einer nächsten Stufe Bewegungsprofile von Spezialisten erstellt werden, um auf diese Weise individuelle Unterschiede feststellen zu können.

Die Täter wissen auch, dass die Sicherheitsfirma und die Polizei nur anrücken werden, wenn ein Alarm ausgelöst wird. Feststehende oder zeitlich zufällige Kontrollen waren abgeschafft worden. Das aktuelle Sicherheitskonzept war so entwickelt, dass es mehr der Technik als dem Menschen vertraute.

Einer der Täter zieht eine Strickleiter aus dem Rucksack, die sie hier befestigen und hängen lassen, um genau auf diesem Weg das Haus wieder zu verlassen. Der Rucksack bleibt liegen. Er würde auf dem weiteren Weg nur hinderlich sein. Den beschwerlichsten und gefährlichsten Teil ihres Weges haben sie noch vor sich.

Über den Lichtschacht klettern die Männer zügig, aber keinesfalls hektisch die Strickleiter hinunter, wobei sie außerhalb der Reichweite der oberen Kamera geraten und alsbald von der nächsten Kamera erfasst werden. So gelangen sie hinunter in das Erdgeschoss des Warenhauses. Hier gehen sie zwar in einem Bogen, aber dennoch zielstrebig auf einen ganz bestimmten Punkt zu. Der Bogen ist nötig, um nicht von einem der Bewegungsmelder erfasst zu werden. Sie müssen bei ihrem Weg nicht mehr auf einen Plan schauen; sie haben sich ihre Strecke wieder und wieder vor Augen geführt; sie ist ihnen ins Gedächtnis eingebrannt.

Im Dunkeln zieht einer der Täter einen zuvor gebogenen Schweißdraht aus der Seitentasche der Hose, fädelt das Ende in eine Öse, die in einer Abdeckplatte eingelassen ist, und kann so die Abdeckung zu einem Schacht öffnen, der unter dem Boden verläuft. Dieser Schacht ist für viele Kabel gedacht, die unter anderem auch der Sicherheitstechnik dienen. Nun kommt der schwierigste Teil. Geübt hatten sie es, aber die Bedingungen beim Training waren erheblich leichter.

Zwanzig Meter liegen vor ihnen, zwanzig Meter in einem engen, staubigen und dunklen Schacht, der wie ein Fuchsbau unter dem Boden des Erdgeschosses verläuft. Natürlich kannten die Sicherheitsberater diesen Schacht, schlossen jedoch völlig aus, dass sich Menschen bei dieser Enge da hineinzwängen und dann auch noch bewegen können.

Die Männer dürfen keine Kabel abreißen, die zur Sicherheitstechnik gehören. Sofort würde ein Alarm ausgelöst. Die schlanken Täter zwängen sich Zentimeter für Zentimeter unter den Bewegungsmeldern hindurch. Schweiß rinnt ihnen über das Gesicht. Davon darf kein Tropfen in den Schacht gelangen. Sofort würde man ihre DNA feststellen und sie identifizieren können. Deshalb war ihnen aufgegeben worden, sich auf dem Rücken durch den engen Kanal zu zwängen. So haben sie es in einer alten Werkhalle auch geübt. Durch die Fortbewegung auf dem Rücken ist ihnen der Einstieg in den engen Kanal erheblich erschwert worden, es ist dort unten auch kein Platz, sich zu drehen. Also ließen sie sich kopfüber in den Kabelschacht gleiten.

Die Männer pressen sich regelrecht durch den Kanal. Rechts und links werden die Schultern durch die Seitenwände des Schachtes zusammengedrückt. Sie ziehen die Beine etwas an und drücken sich dann wieder nach vorne. Mit einem Vorstoß können sie sich etwa zehn Zentimeter fortbewegen. Zweihundert derartige Bewegungen und der Ausstieg müsste genau über ihnen liegen.

Die Enge, die Dunkelheit und die Atemnot lassen jeden zurückgelegten Meter wie eine Stadionrunde erscheinen.

Und immer noch ist kein Alarm ausgelöst worden. Gerne würden sie auf halber Strecke den dort befindlichen Deckel öffnen, um frische Luft zu schnappen. Dann würden sie aber sofort von den Sensoren erfasst. Über ihnen ist nach zehn zurückgelegten Metern der Kreis der Sicherheitstechnik so eng gestrickt, dass ein Durchkommen oberhalb des Schachtes unmöglich wäre. Alle tasten jedoch nach dieser Ausstiegsklappe. Und tatsächlich, nach hundert Bewegungen in der seltsamen Rückenlagentechnik befindet sie sich genau über ihnen. Die Bewegungen dürfen jetzt nicht kürzer werden, sonst verpassen sie den Ausstieg. Also weiter, Zentimeter um Zentimeter. Drei Viertel des Weges sind geschafft. Wenn jetzt eines der Kabel der Sicherheitstechnik abreißen würde, hätten sie bis zum Eintreffen der Polizei nicht einmal mehr die Chance, aus dem Schacht herauszukommen. Sie würden in der Falle stecken, die sie selbst gewählt haben. Also genau zählen. Längst sind sie nicht mehr in der Lage, einen klaren Gedanken zu fassen. Die Gedanken kreisen nur um die Frage, ob sie den Ausstieg finden. Penibel zählen sie ihre eigenen Bewegungen.

So gelangen sie nach einer gefühlten Ewigkeit genau dort heraus, wo sie hinwollen: Ihr Ziel ist die Schmuck- und Uhrenabteilung des Juweliers Christ. Die Kamera erfasst, wie sich der Deckel des Kabelschachtes öffnet und ein Täter nach dem anderen rücklings aus dem Schacht quillt, der erste ab 6.37 Uhr. Dann liegen sie erst einmal dort, liegen nebeneinander und bewegen sich nicht.

Nach ein paar Minuten Pause richten sie sich auf. Sie wissen auch im Weiteren ganz genau, an welchen Stellen sie nun aufrecht gehen oder kriechen müssen, um nicht vom Infrarot-Alarmsystem erfasst zu werden. Nach der hinter ihnen liegenden Strapaze konzentrieren sie sich erneut auf ihren Job.

Sie beginnen in aller Ruhe, die Vitrinen aufzubrechen und auszuräumen; um 7.24 Uhr nimmt die Kamera die letzten Bilder der Täter in diesem Bereich auf, als der Deckel zum Kabelschacht hinter ihnen wieder geschlossen wird. Da kein Alarm ausgelöst wurde, kontrolliert auch kein Sicherheitspersonal. Der Bruch beibt bis dahin unentdeckt.

Erst am Montag wurde der Einbruch von den Angestellten kurz vor Geschäftsbeginn festgestellt und die Polizei informiert. Die sperrte den Tatort im Erdgeschoss
sofort weiträumig ab. Die Spurensicherung begann ihre
Arbeit. Es blieb zunächst völlig unklar, wie die Täter in
die Schmuck- und Uhrenabteilung eingedrungen waren. Erst eine erste Sichtung der Aufnahmen der Überwachungskameras gab Aufschluss über den Weg, den
die Einbrecher genommen hatten.

Dann trauten die Beamten ihren Augen nicht! Die
Einbrecher hatten ihren Bruch nicht nur in der Nacht
von Sonnabend auf Sonntag begangen, sondern diesen
in genau der gleichen Begehungsweise noch einmal in
der folgenden Nacht wiederholt. Die Kaltblütigkeit und
Dreistigkeit der Täter schockierte sogar die gestandenen
Ermittler. Offensichtlich waren die Diebe vom Gelingen
ihres Coups so begeistert, dass sie sich entschlossen,
in der folgenden Nacht noch einmal über den gleichen
Weg ins Kaufhaus einzusteigen. Diesmal waren alle
Bewegungen noch sicherer und noch flüssiger; für die
Tatausführung benötigten sie zehn Minuten weniger
als am Vorabend. Von 0.36 Uhr bis 1.13 Uhr nahmen die
Kameras die drei Täter in der Abteilung des Juweliers
auf. Sie öffneten die weiteren Vitrinen, um den Rest der
Beute zu ergattern, und entkamen wieder unerkannt
über denselben Weg ins Freie.

Die Höhe des Schadens wurde auf 6 Millionen Euro
geschätzt.

Die libanesischen Zwillinge

Und doch war den Tätern ein Fehler unterlaufen. Am
Tatort konnte ein Handschuh sichergestellt werden.
Dies stimmte die Ermittler optimistisch, da in Hand-

schuhen fast immer DNA festgestellt werden kann. So war es auch hier: Die Untersuchung erbrachte, dass sich ein Schweißtropfen darin befand. Die Überprüfung ergab, dass diese DNA gespeichert war. Der Täter war aus früheren kleineren Straftaten bekannt.

Die Spur führte die Ermittler zu den Mitgliedern einer libanesischen Großfamilie. Die damals siebenundzwanzigjährigen Zwillingsbrüder Hassan und Abbas Adel waren der Polizei nicht unbekannt. Hassan lebte bei den Eltern im niedersächsischen Rotenburg und Abbas mit seiner Familie in Gifhorn.

Die umfassenden Kenntnisse des Alarmsystems des Hauses, die Planung der Zugriffs- und Fluchtwege sowie der professionelle Absatz der Beute, von der bis zum heutigen Tag jede Spur fehlt, sprachen jedoch vom Anfang der Ermittlungen an dafür, dass hinter dieser Tat andere Personen standen.

Die Familie Adel kam 1982 nach Deutschland, kurz nach der Geburt der Zwillinge Hassan und Abbas. In Rotenburg gingen die Brüder in die Grundschule und dann in die Theodor-Heuss-Hauptschule. Dort brachen sie die Schule ab und arbeiteten aushilfsweise auf dem Bau. Dort verdienten sie jedoch nicht viel. Ihre Ansprüche waren viel höher, und so versuchten sie auf anderen Wegen, an Geld zu kommen.

Der Ruf der Brüder in Rotenburg entsprach dem, was den Polizeiakten zu den bisher nur als Kleinkriminelle in Erscheinung getretenen Zwillingen zu entnehmen war.

Sie bezogen Hartz IV und hingen meist in Spielotheken herum. Dort verzockten sie auch mal 200 bis 300 Euro am Tag. War das Geld alle, musste neues beschafft werden. Sie besorgten alles, was ihre Kunden brauchten. Mit Haschisch und Koks handelten sie genauso wie mit Viagra. Sie liefen mit Plastiktüten herum und vertickten die Pillen, waren aber auch ihre eigenen Kunden und kifften und schnupften Koks.

Gelegentlich wurde dann auch in Häuser eingebrochen, Leute abgezogen und betrogen. Auch Spielhallen wurden von ihnen überfallen und ausgeraubt.

Sie nannten sich die »Alphas«. Ihr Markenzeichen: Bomber-Jacken der Marke »Alpha«. Wer sich ihnen in den Weg stellte, wurde kurzerhand zusammengeschlagen.

Vor dem Amtsgericht konnten sie als Jugendliche und später Heranwachsende immer mit milden Strafen rechnen. Wenn einer der beiden zur Ableistung von Arbeitsstunden verurteilt worden war, teilten sich die Zwillinge die Strafe. Ein Bruder trat als der andere auf. So verfuhren sie auch, wenn ein Führerschein eingezogen worden war. Dann nahm einfach ein Bruder den Führerschein des anderen. Sie waren nur in einem Merkmal zu unterscheiden: Hassan hatte an einer Augenbraue eine Narbe. Abbas verpasste sich daraufhin ebenfalls einen Schnitt in seiner Braue, der dann vernarbte: Wieder ähnelten sie sich wie ein Ei dem anderen.

Zweieinhalb Wochen nach dem Coup konnten die Brüder am 11. Februar in einer Spielothek festgenommen werden. Beamte des mobilen Einsatzkommandos stürmten die Spielhalle an der Autobahn A1 im niedersächsischen Rotenburg.

Bei der Verhaftung wurde Hassan Adel nach eigenen Angaben von den Einsatzkräften erst auf den Boden geworfen und dann … »Na Schwamm drüber«, würde Hassan später im Fernsehen zu dem weiteren Geschehen anlässlich der Festnahme meinen.

Der schnelle Fahndungserfolg wurde von Polizei und Presse zunächst bejubelt. Doch die weiteren Ermittlungen gestalteten sich schwierig.

Bei den Brüdern handelte es sich um eineiige Zwillinge mit nahezu identischer DNA. Mit den zur Verfügung stehenden Untersuchungsmethoden konnte nicht festgestellt werden, von welchem der beiden Brüder die am Tatort festgestellte Spur stammte. Keinem der beiden mutmaßlichen Täter konnte die Spur mit Sicherheit zugeordnet werden.

In der Justizvollzugsanstalt Berlin-Moabit schwiegen die Brüder während der Untersuchungshaft zu den Vorwürfen und mussten wieder entlassen werden.

Der Anwalt des einen Bruders erklärte gegenüber der Presse, dass das Schweigen keinesfalls zu bedeuten habe, dass sein Mandant die Tat begangen habe. Er mache lediglich von seinem Recht Gebrauch, in dem gegen ihn gerichteten Ermittlungsverfahren nichts zu sagen. Auch meinte die Verteidigung, dass der am Tatort gefundene Handschuh noch längst nicht beweise, dass zumindest einer der beiden Brüder am Tatort gewesen war, sondern nur, dass einer von beiden irgendwann einmal in Berührung mit diesem Handschuh gekommen sei.

Da nach deutschem Recht jedem der beiden Beschuldigten zugestanden werden musste, dass der jeweils andere Bruder die Tat begangen hatte, und weiterhin nicht mit Sicherheit geklärt werden konnte, zu welchem der beiden Brüder die gefundene DNA-Spur gehörte, mussten die Haftbefehle aufgehoben werden.

Als die Zwillingsbrüder nach knapp sechs Wochen am 17. März 2009 durch das Tor der Justizvollzugsanstalt Berlin-Moabit traten, wurden sie von ihrem in Neukölln lebenden Bruder in Empfang genommen.

Das Medieninteresse war groß. Der Bruder nutzte die Gelegenheit, gegenüber der anwesenden Presse Familienzusammenhalt zu demonstrieren und erklärte, man werde jetzt erst einmal in seine Wohnung fahren, wo schon die Mutter und eine der Schwestern warteten, um anschließend weiter nach Rotenburg zu reisen.

Auch richtete er den Journalisten von seinen Brüdern aus, dass sie stolz auf den deutschen Rechtsstaat seien und diesem dankten.

Die Aufhebung der Haftbefehle bedeutete jedoch nicht, dass auch das Ermittlungsverfahren gegen die Zwillinge eingestellt wurde. Diese befanden sich als die Hauptverdächtigen weiterhin im Fadenkreuz der Polizei.

Die Ermittler unternahmen alles, was derzeit kriminalistisch möglich war, um die Zwillinge zu überführen: Durch technische Überwachungsmaßnahmen wurden die Telefongespräche abgehört, mit einem Polizeihund wurde versucht, eine Verbindung zwischen den Tatortspuren und den mutmaßlichen Tätern zu knüpfen, und ein Biometrie-Sachverständiger verglich die Videoaufzeichnungen des Einbruchs mit Bildern der Beschuldigten. Erst als all das zu keinen weiteren Ergebnissen führte, wurde das Ermittlungsverfahren gegen die Zwillinge eingestellt, die sich nun, ihre Tat weiter leugnend, auch zu Presseerklärungen und Fernsehauftritten bereit erklärten. Hierbei vertraten sie die Ansicht, dass das mit dem Auffinden ihrer DNA eine »ganz gemeine Intrige« gewesen sei. Jemand habe sie hereinlegen wollen und ihre DNA am Tatort platziert. Sie hätten sich im fraglichen Zeitraum überhaupt nicht in Berlin aufgehalten.

Einer der Brüder grinste bei einem Interview in die Kamera und erläuterte: »Nur mal angenommen, ich hätte mit der Sache etwas zu tun. Was wäre schlimm daran? Die Versicherung ist für den Schaden aufgekommen. So schnell, wie das Zeug weggekommen ist, hätte der Juwelier es nicht verkaufen können. Der müsste den

Tätern doch dankbar sein, oder? Niemand ist bei dem Bruch zu Schaden gekommen.«

Da die Tat noch nicht verjährt ist, können die hinter diesem Einbruch stehenden Personen noch nicht aufatmen. Auch wurden zwischenzeitlich Methoden der Differenzierung von DNA-Spuren selbst bei eineiigen Zwillingen entwickelt, die jedoch im Fall der libanesischen Brüder bisher ohne Erfolg blieben.

Kripo-Chef Ralf Romahn ist grausamen Verbrechen auf der Spur

Ralf Romahn
Kremserfahrt in den Tod
Authentische Kriminalfälle

208 Seiten
brosch., mit Abb.
12,99 €
ISBN 978-3-360-01317-0

E-Book
9,99 €
ISBN 978-3-360-50140-0

Als Ende der 80er Jahre in Ostberlin wiederholt Kinder bei Kremserfahrten verschwinden und später tot aufgefunden werden, bringt dies nicht nur eine groß angelegte Fahndung in Gang. Die Polizei ruft auch alle Bürger zur Mithilfe auf. Trotz Aufklärung erfährt die Tatserie nach der Wende eine grausame Fortsetzung. Als zuständiger Ermittler schildert Ralf Romahn den Fall und berichtet von den Hintergründen. Detailliert geht er auch bei weiteren Fällen auf die Polizeiarbeit ein, bei der er zuweilen in persönliche Interessenskonflikte gerät. Dass Eifersucht manchmal den Falschen trifft und dass auch Angestellte des Morddezernats nicht immer unbescholten sind, weiß Romahn überaus eindrücklich zu erzählen.

Sicherungsverwahrung –
Ein Garant für Recht und Ordnung?

Thomas Galli
**Die Gefährlichkeit
des Täters**

176 Seiten
brosch.
12,99 €
ISBN 978-3-360-01318-7

E-Book
9,99 €
ISBN 978-3-360-50141-7

Schon das erste Buch von Gefängnisdirektor Thomas
Galli sorgte für Aufsehen: Seine Geschichten über den
Gefängnisalltag thematisierten den Problemkreis von
Schuld, Strafe und Rehabilitation und stellten dezidiert
die Frage: Wie sinnvoll, wie effektiv, wie menschenwürdig
ist der Strafvollzug in seiner heute praktizierten Form? In
diesem Buch stehen Einzelschicksale von Straftätern im
Mittelpunkt, bei denen nach schweren Taten und langer
Haftstrafe über eine Sicherungsverwahrung entschieden
werden muss. Wann gilt ein Täter als »höchst gefährlich«?
Worauf gründen Justiz, Gefängnisverwaltung und Psycho-
logen ihr Urteil über seine Gefährlichkeit? Wie lassen sich
Gefahren für die Allgemeinheit abwenden oder begrenzen?

ISBN 978-3-360-01334-7

Umschlaggestaltung: Buchgut, Berlin
unter Verwendung eines Fotos von Fotolia/vchalup
Druck und Bindung: buchdruckerei.de, Berlin

Die Bücher des Verlags Das Neue Berlin
erscheinen in der Eulenspiegel Verlagsgruppe.

www.eulenspiegel.com